# MÉMOIRES

### DE

# LE ROY LE MÉNESTREL

## de Louviers

*Écrits par lui même*

—

## PARIS

LEDOYEN, libraire, Palais-National, galerie d'Orléans, 31.

—

A ROUEN : Chez M. FRÈRES, libraire, quai de Paris.
A ELBEUF : Chez M. DEVISAZANNE.
A LOUVIERS : Chez l'Auteur.

## 1849

# MÉMOIRES

DE

## LE ROY LE MÉNESTREL

I

# MÉMOIRES

## DE

# LE ROY LE MÉNESTREL

# MÉMOIRES

DE

# LE ROY LE MÉNESTREL

de Louviers

*Ecrits par lui même*

———

**PARIS**

IMPRIMERIE DE BUREAU, RUE GAILLON, 14

—

1849

# MÉMOIRES DE LE ROY LE MÉNESTREL

DE LOUVIERS

---

Première partie

Si ma vie était en tout semblable à celle des autres hommes, je n'entreprendrais pas une tâche que je considère comme hardie et difficile à remplir.

Je sais que notre grande et puissante nation, qui est la plus éclairée, la plus civilisée de l'univers, est infiniment sensible lorsqu'elle lit des écrits utiles et agréables, surtout lorsqu'ils se présentent à elle sous une image riante ; variée, piquante et saisissante d'intérêt et qui gagne, par son éloquence, les plus difficiles ; il en est absolument de même, lorsque nous offrons avec douceur et adresse aux jeunes malades, les bords d'une tasse parfumés d'odeurs suaves et délicieuses; gagnés par ce simple et agréable déguisement, ils savourent à longs traits le breuvage amer, mais médicinal; et la précieuse santé qu'ils recouvrent produit l'heureux et efficace résultat de leur méprise.

Enfin, je serai sérieux, je serai gai, je tacherai de vous être agréable et de vous intéresser.

Comme je n'ai reçu qu'une légère éducation, je prie mes lecteurs de m'accorder leur indulgence.

Né à Louviers (Eure), le 10 février 1794, de François-Joseph Le Roy et de Marie-Madeleine-Thérèse Le Ménestrel; de toutes les faveurs dont le ciel les avait comblés, un cœur doux, sensible et honnête, est la seule qu'ils me laissèrent; ce qui fit leur bonheur causa mes chagrins. Qu'il est pénible pour l'homme sensible, qui aime ses semblables, de voir qu'il n'est pas payé de retour; mais je réfléchis qu'aucune puissance sur cette terre, ne peut changer les destinées de tout ce qui existe,

voilà pourquoi j'ai dû respecter religieuse-
ment les volontés de Dieu. A cette occasion,
je me dis toujours, pourquoi les hommes
n'ont-ils pas tous, sans distinction, ce profond respect, cette amabilité, cette affabilité,
ces prévenances, ces attentions délicates qu'ils
devraient avoir les uns pour les autres et qui
les combleraient de félicité?

Car, lorsqu'on pense à ce mot si sacré de
respect, on sent dans son cœur un bien être
indéfinissable et les plus inexprimables délices,
et semblables aux joies du ciel! Enfin, ce respect nous inspire les plus nobles, les plus précieux sentiments, et si sans cesse on y pensait on réaliserait pour toujours le bonheur
de l'humanité.

Il m'est d'autant plus naturel de manifester
ces délicieux sentiments de respect pour mes
semblables, que je vis avec peine que diverses
personnes légères comme la plume qui s'envole au grand air, osèrent à dessein et à l'occasion de ma circulaire du mois de mars 1848,
me tourner sans pudeur en ridicule; c'était
même insulter mes bons sentiments pour le

bonheur de la France ; puis ces personnes firent courir le faux bruit que ce n'était pas moi qui l'avais rédigée ; je devais donc être leur victime puisqu'elles trompèrent la crédulité de plusieurs personnes fort honorables de Louviers, qui étaient éloignées de me connaître, ayant quitté Louviers depuis douze ans, pour aller habiter Elbœuf, et n'étant revenu à Louviers que depuis dix mois. Mais malheureusement la jalousie est un fléau, qui trop souvent inspire aux esprits bornés d'affecter habituellement de mépriser ce qui les passe, faible dédommagement qu'il ne faut pas leur envier.

J'étais donc loin de mériter les injures et les insultes dont je fus l'objet, d'autant plus que je prenais dans cette circulaire, les plus délicieux, les plus expressifs accents qui soient dans le cœur de l'homme, c'est-à-dire la vertu et l'humanité ! !

En annonçant que je travaillais sans cesse pour le bonheur de la France, je disais la vérité tout entière ; je vais en donner la preuve :

Parmi les projets que je soumettrais, il en

est un, suivant moi, qui pourrait dans sa réalisation concilier tous les intérêts et viendrait combler, perpétuer de bienfaits la France et l'Europe entière. Avant de le publier je me réservais de le confier à des personnes graves, qui sauraient l'examiner avec une scrupuleuse attention, j'ose dire avec délices. Je suis certain qu'il serait approuvé, admiré et applaudi. Je n'aspire pas à obtenir des honneurs, ni à la gloire; mais, je le répéterai toujours, je tiens au bonheur de ma patrie.

Riches ou pauvres peuvent être inspirés de pensées sublimes, semblables à ces bonnes et mauvaises terres, ou on découvre soit des trésors cachés, soit des mines d'or. Il est donc de la plus grande importance, de la plus grande utilité, de respecter les hommes et leurs bons projets, surtout lorsqu'ils viendraient donner des lumières qui pourraient contribuer au bonheur général. Les tourner en ridicule, c'est leur fermer toutes les portes, c'est les bannir de la société; et s'ils ne sont pas riches, c'est leur retirer leurs moyens d'existence et ceux de leur famille; c'est un crime, c'est être inhumain, c'est trahir sa patrie ! Je dis cela dans l'intérêt de la société entière.

Mon père me mit à sept ans en pension chez un honnête homme ; mais sévère, il ne sut que battre ses élèves, il aurait dû penser qu'il est bien préférable de toujours employer les excellents moyens de douceur, ils nous encouragent à nous instruire. Je me souviens qu'un jour, M. Lambert, notre vicaire, nous engagea à écrire nos péchés pour bien nous les rappeler en confession, mon professeur vint brusquement me demander une heure après ce que je faisais ; je lui repondis tout craintif et avec naïveté : Monsieur, j'écris mes péchés ; puis il m'arracha brusquement mon papier et me donna avec violence un grand coup de sa baguette sur ma main droite qui en devint enflée et noire.

Dans les heures du repas, tous écoliers, nous allions jouer aux barres, sur le boulevart du Sud ; on construisait dans ce temps un mur dans la ravine ; un jour j'aperçus avec effroi, Eugène Grandhomme, enfant comme moi, qui était tombé dans un grand trou plein d'eau, les yeux tournés et prêt à périr, je m'empresse de l'en retirer, je le sauve d'une mort certaine : il me semble encore le voir !

Je me souviens avec joie qu'on était content de mes leçons. Heureux temps d'enfance, combien je les regrette.

Aux approches de ma première communion, j'ai le souvenir qu'à l'église Notre-Dame, répondant au cathéchisme, rien ne m'inquiétait plus que de voir sur le bon M. Lambert, la crainte que je perdisse la mémoire, ce qui me peinait plus que de manquer devant mes camarades ; je lui répondis assez bien et je fus reçu pour la première communion, ce fut le seul beau jour de ma vie !

Mon grand père et ma grand'mère Le Ménestrel m'aimaient à l'adoration et me firent participer à leurs petites fêtes et promenades ; ils m'y donnaient les plus excellents conseils ; à la promenade et à l'église sans cesse, pendant plus de cinquante ans, ils furent ensemble ; il est rare d'avoir vu une union si bien assortie. Les personnes les plus honorables leur faisaient le meilleur accueil, particulièrement M. le marquis de Toustain et M. le baron d'Esneval qui leur chantaient les louanges de M. Le Ménestrel, grand audiencier de France, et de M. Le Ménestrel, président au grand conseil, nos ancêtres, qui firent tant de bien aux infortunés de Paris.

Parmi les actes d'humanité de mon grand père, je suis charmé d'en citer un qui donnera une preuve de son bon cœur : vers 1780, il eut un héritage de dix mille francs ; se rappelant qu'un membre de sa famille était comme lui chargé d'enfants, il lui envoya de suite cinq mille francs en lui disant : Quand on compte sur la Providence, on est toujours heureux.

Chaque personne qui venait chez lui, riche ou pauvre, il l'invitait soit à déjeuner, soit à dîner.

Mon grand père fut ce respectable vieillard qui eut le bonheur d'avoir des relations amicales avec notre parent, M. de Juigné, duc de Saint-Cloud ; dont la mère était demoiselle

Catherine-Lucette-Léonarde Le Ménestrel, fille d'Antoine-Gédéon Le Ménestrel, président au grand conseil, et de demoiselle de Bézons, fille de M. de Bézons, maréchal de France. Son père, M. le marquis de Juigné, était colonel du régiment d'Orléans et mourut au champ de l'honneur en 1734 à la bataille de Guastala.

On sait que M. de Juigné donna aux pauvres toute sa fortune qui était de plusieurs millions. Sa mémoire est restée en grande vénération à Châlons-sur-Marne, où il fut évêque, puis à Paris archevêque; mon grand père me dit que M. de Juigné était d'une taille élevée, doué d'un port majestueux', d'un air noble, d'une figure d'une grande douceur, aimable, prévenante; ses beaux yeux et son front laissaient voir toute la grandeur de son âme; l'affabilité qui annonçait la tendresse de son cœur respirait dans ses paroles; la bonté et la justice qu'il adorait lui faisaient respecter la vérité; il était d'une excessive franchise; ses promesses étaient inviolables;

sa société était d'une douceur, d'une amabilité exquises ; sa conversation très agréable et utile.

Sa timidité, mêlée de pudeur et de candeur, donnait de la grâce à sa beauté ; enfin, il avait le cœur rempli de vertus ; ma mémoire est très fidèle pour me rappeler ses belles actions que mon grand père se plaisait à me raconter avec plaisir et avec enthousiasme. Un de nos parents, remarquant que tous les livres de la bibliothèque de ce prélat n'étaient pas reliés en maroquin et dorés sur tranches, il lui répondit : Comment me parlez-vous d'avoir des livres couverts d'or tandis que je vois avec douleur que mes pauvres sont couverts de haillons.

Un jour, un pauvre homme dit qu'il mourrait content s'il avait le bonheur de dîner avec M. de Juigné ; l'archevêque l'apprend et le fait inviter à dîner ; à l'aspect souffrant et affaibli de ce malheureux en haillons, l'archevêque lui fait apporter des habits dont il couvre ce pauvre qui dîne aux côtés de ce digne prélat qui lui remit plusieurs louis d'or. M. de Juigné confia à mon grand père qu'il avait eu plus de bonheur à admettre à sa table ce brave homme, que des personnages à cordons rouges, à cordons bleus. Il lui dit un jour : Mon cousin Le Ménestrel, soyons pauvres des biens de la terre, nous serons riches de ceux du ciel ; n'aimons pas l'or qui est l'occasion de tant de biens et de tant de maux, et que nos plus grands trésors soient nos pauvres ; je préférerais les voir habillés et leur voir du pain que d'admirer de grands équipages, puis de pompeux et magnifiques édifices.

Quand on lui reprochait de donner tout son bien aux indigens : Je sème, disait-il, dans le sein des pauvres, c'est une bonne terre qui me rapporte au centuple. M. de Juigné mourut le 19 mars 1811 âgé de 83 ans ; toute la France fit l'éloge de sa grandeur d'âme ; son corps repose dans l'église Notre-Dame de Paris ; on a déposé à côté le corps de l'infortuné M. Affre.

M. de Juigné, sortant le 24 juin 1789 de l'Assemblée nationale, fut assailli et poursuivi à coups de pierres par ceux même qu'il avait arrachés aux horreurs de la faim ; la troupe vint sauver d'une mort certaine cet incomparable prélat qui, le lendemain, distribua des aumônes aux pauvres en leur disant : J'aurais été heureux de convertir en or et en pain les pierres qu'on me jeta hier. M. de Juigné donna sa démission d'archevêque et vint voir mon grand père.

Son hôtel semblait être le palais de la justice et le temple où réside la vertu ; car il pardonnait toujours avec prudence, sagesse et bonté.

Napoléon, sachant que M. de Juigné avait donné tout son bien aux pauvres, lui fit don de quinze mille francs de rente viagère, en lui disant : C'est que je reconnais vos vertus. Avec cette rente M. de Juigné venait au secours des infortunés.

C'est avec orgueil que je vante les bonnes actions de mes ancêtres. Ce sont de beaux exemples de grandeur d'âme à imiter ; vouloir les cacher, les faire oublier, ce ne serait qu'encourager l'avarice et la soif des richesses ;

il est bien plus noble de combler de bienfaits les malheureux que d'entasser trésors sur trésors ; nous avons si peu de temps à vivre que nous devrions sans cesse penser à faire le bien. Nous aurions toujours le sourire sur les lèvres.

Aimons, chérissons les riches qui font des actes de bienfaisance, établissent des hospices, des manufactures pour occuper, soutenir l'ouvrier, l'aider à soulager sa famille, car on éprouve de délicieuses et divines jouissances quand on fait de continuelles bonnes actions.

Les populations, avec une joie extrême, les bénissent.

J'arrivai à treize ans sans que je prisse ni force, ni développement ; j'étais si faible, si petit de taille, si chétif, que mes parents en conçurent de l'inquiétude. Tout le monde disait : c'est dommage, car ce cher enfant est un ange de douceur ; on répétait souvent: ce sont toujours ceux-là qui partent pour peupler le paradis.

Mon père eut l'intention de me faire entrer

chez M. Delandre, apothicaire à Louviers, car il remarquait que j'avais assez de vocation pour cet état, parce que je lui dis un jour: Je suis certain qu'un médecin ordonnerait d'abord aux personnes bilieuses des purgations et du bon vin, car il combat la bile victorieusement. Mais à celles qui ont trop de sang, il ordonnerait des tisanes, des saignées; pas de vin, parce qu'il augmente la masse du sang. Mon père se mit à rire, mais me dit qu'il ne voulait pas me faire apprendre cet état, qu'on y était esclave; il me proposa celui de laboureur; je lui fis remarquer que j'étais trop faible, que c'était dommage car j'engraisserais bien les terres afin d'avoir de bonnes récoltes; puis, je taillerais les arbres pour leur donner de l'air, surtout dans le milieu, par conséquent j'aurais d'excellents fruits. Je serais enchanté, dans l'intérêt de mon pays, que le gouvernement établit une fête annuelle en l'honneur de l'agriculture, car cet état est le plus noble et le plus précieux de la terre.

Dans ce temps, tous les livres qu'on me donnait, je les lisais avec avidité; car j'ai toujours eu dans ma pensée que tout ce qui est bien cultivé rapporte d'excellentes moissons, qu'un arbre greffé produit des fruits exquis; que sur des terres incultes il n'y vient que ronces, orties, et, par comparaison, je me dis si l'homme s'instruit, il se civilise, se perfectionne.

Heureux! heureux! mille fois heureux ceux qui reçoivent de l'éducation et qui savent en profiter utilement!

Dans ce temps, j'avais déjà, quoique jeune, la passion de composer des vers; j'adorais la littérature.

J'entrai chez M. Courseulle, conservateur des hypothèques, au grand regret de son principal employé, le premier qui fut jaloux de moi.

J'y restai cinq mortelles années, car cet employé avait l'habitude de me lancer sans motif d'énormes coups de poings, qu'il appelait ses jolis et galants cadeaux de turc-à-mores.

Dans l'année 1812, j'eus le plaisir de faire l'agréable connaissance du jeune humain Breton, coutelier ; nous allions souvent nous promener à La Haye-le-Comte, gentil hameau ; nous suivions les belles avenues du château, puis nous montions le sentier bordé de gazon fleuri, bordé d'arbres fruitiers qui conduit droit au délicieux bois, et nous nous reposions au pied d'un gros hêtre, au bord de ce bois sur lequel nous avions observé une infortunée et jeune personne graver les vers suivants, peu de jours avant d'aller se précipiter dans l'Eure :

« Puisse durer, puisse croître
» L'ardeur de mon cher amant,
» Comme feront sur ce hêtre
» Ces marques de mon tourment. »

La discrétion me prive de dire le nom de cette chère enfant, qui appartenait à une famille fort riche. C'était une jolie blonde, dont les chagrins avaient pâli le visage ; elle n'en paraissait que plus intéressante. Lorsqu'elle nous aperçut, elle prit la fuite du côté de la côte du Banquet. Nous étions loin de penser qu'elle avait pris la résolution de se noyer :

on eût dit que c'était un jeune sauvage qui nous fuyait.

J'éprouvai la plus vive émotion lorsque je lus ces vers pour la première fois ; j'avais donc la prescience de tous les chagrins que j'ai éprouvés depuis.

Cet arbre a été abattu il y a peu de temps.

Je remarquai dans mon jeune ami une grande sincérité et un esprit précoce ; je le surprenais à me dire les choses les plus ingénieuses.

Nous avions formé le doux projet d'écrire de petits ouvrages en prose et en vers ; le silence des champs, puis leur parfumant zéphir, l'agréable gazouillement des oiseaux, tout nous y inspirait.

Espoir si flatteur de nos jeunes cœurs, vous étiez loin d'être réalisé !

Nous gravissions avec la plus vive ardeur, même avec joie et un délicieux plaisir, les charmantes côtes qui entourent Louviers du haut desquelles nous contemplions avec les plus ineffables délices les ravissantes et inexprimables beautés de la nature. Ce goût fut si vif chez moi que je ne me suis jamais lassé d'en jouir, comme je ne me lasse pas d'y penser, d'en parler et de l'écrire.

Jouissance de l'imagination, vous êtes un ami consolateur; vous valez plus que des trésors, elle nous rend heureux! Loin d'efféminer notre corps, elle le vivifie et embellit notre âme!!!

La simplicité, l'agrément de ces promenades, me causèrent un bien inappréciable; elles livrèrent tout entier mon cœur à l'amitié; aussi j'eus pour Breton les sentiments les plus affectueux.

Ces moments ravissants et remplis de charmes durèrent peu de temps, car mon ami était aussi doux d'esprit que faible de corps.

Nous séparer en revenant de la promenade, c'était en quelque sorte nous anéantir; enfin notre attachement était extrême; nous ne pensions jamais à nous quitter. Il y avait à peine trois ans que nous nous connaissions, qu'il tomba dans une langueur extrême; elle dégénéra en hydropisie, et je le vis avec douleur jeter le dernier soupir âgé de dix-sept ans. Au même moment, une jeune personne de seize ans, d'une rare beauté, vint à mourir sans doute pour aller s'éveiller dans le ciel et avec lui s'unir.

Quand un ami meurt, il semble que ce soit la cessation du bonheur ; c'est, hélas! ce qui m'était réservé. Cette perte fut pour moi d'autant plus pénible qu'il est très rare de remplacer un ami.

Déjà j'avais vécu d'une manière si agréable que mon heureux caractère y gagna beaucoup. Il eût été à désirer que cet ami eût vécu, j'en aurais encore plus profité ; car les vrais amis aiment à donner d'excellents conseils.

Depuis, je fis la connaissance d'un jeune homme qui plaisantait ceux qui avaient de bonnes mœurs ; il était traître, dissimulé et fier (où la fierté va-t-elle se nicher?) ; je le quittai.

J'en parlai à M. Delamarre, qui travaillait avec moi aux hypothèques. Il me dit : Vous en rencontrerez trop souvent comme cela, mon petit Roi, car il y a des personnes qui se figurent puiser dans le malheur des autres leur bonheur.

Cette réflexion me causa une peine infinie, car je pensais à l'avenir. Je me plaisais avec ce vénérable vieillard de soixante-quinze ans.

Dans ce temps, les armées françaises marchaient de victoire en victoire dans la Russie; aussi je lui faisais plaisir de lui lire le journal de l'empire. On ne parlait que de guerre et de batailles.

Chaque jour on se demandait : Y a-t-il du nouveau ?

Comme nous avions ensemble une grande intimité et qu'il me connaissait à fond, il me dit : Quoique jeune, vous raisonnez juste; mais, mon bon M. Leroy, croiriez-vous qu'on est déjà jaloux de votre petit mérite. Il me demanda un jour devant quatre amis ce que je pensais des projets de Napoléon d'aller en Russie. Je lui dis, et il m'en souviendra toujours, et surtout en ce moment que j'ai acquis de l'expérience, il m'est plus facile de le répéter, de l'expliquer à mon lecteur : Mon cher M. Delamarre, Napoléon est doué d'un sublime génie, je ne suis qu'un tout petit grain de sable auprès de lui; mais voyez-vous, les soûverains de l'Europe ne veulent ni comprendre ni admettre ses vastes projets; même ils le craignent et sont jaloux de sa gloire; il devrait même s'en apercevoir et pénétrer leurs desseins, même je suis certain qu'ils le laissent avancer en Russie exprès pour mieux le trahir et glacer, anéantir nos armées. Après, à quoi serviront nos conquêtes, tant de sang versé? Tous mes camarades me rirent au nez. Ces rires d'ironie n'empêchèrent pas que ma prédiction se réalisa un an après.

J'admirai pourtant les hauts faits de Napoléon, qui élevaient notre puissance au plus haut degré; mais je répétai à M. Delamarre que ceux qui entouraient l'empereur avaient sans doute d'excellentes intentions; mais ils étaient trop éblouis de sa splendeur; ils voulaient que tout le monde lui cédat, parce qu'ils comptaient trop sur son génie, ses talents, ses victoires; mais s'il arrivait qu'il se trompât un peu, on préférait, par respect, se prosterner devant lui et le flatter, plutôt que de le contredire en termes respectueux ; cependant c'eût été pour son bonheur et celui de notre patrie. Malheur aux princes et aux hommes qui sont entourés de flatteurs. Aussi, monsieur Delamarre, à combien de maux et de désastres le fléau de l'adulation nous conduit-il ? c'est une calamité pour un empire, dont nous eûmes le résultat, et qui en promet de nouvelles. Voilà toutes mes pensées, M. Delamarre : L'adulation fait éclore l'orgueil, et l'orgueil est toujours l'écueil funeste des vertus ; aussi les adulateurs l'excitèrent-ils sans cesse à l'amour des conquêtes sans penser aux funestes conséquences qui en résulte. Cette triste vanité leur faisait espérer de voir un jour l'univers aux pieds de Napoléon. Déplorable illusion ! Mais ses triomphes lui créèrent une infinité d'ennemis. Aussi quiconque flatte son souverain ou toute autre personne le trahit ; la perfidie qui le trompe est des plus criminelle.

Hélas ! pour mon propre compte, j'en ai été victime, on le verra plus loin.

Il eût été très heureux pour la France et pour Napoléon, qu'il eût eu l'avantage de posséder, comme Henri IV, un ami aussi hardi, aussi franc, aussi juste, aussi désintéressé et aussi dévoué que Sully ; il est probable que Napoléon eût différé de marcher sur Moscou. Toutefois, si Napoléon fut mis dans l'erreur, il avait aussi des hommes très respectables qui l'entouraient, bien dévoués, et qui l'aimaient sincèrement.

Mais, ils pouvaient aussi se tromper, car les hommes ne sont pas des dieux ! Du reste, je sais que Napoléon aimait le peuple français, qu'il avait le plus ardent désir de le rendre heureux et prospère ; ses intentions étaient pures ! Mais, je le répète, si ce grand homme et ceux qui avaient sa confiance se fussent bien pénétrés, mon cher M. Delamarre, qu'ils avaient des ennemis puissants, puis des flatteurs, et un climat à vaincre et à changer ; s'ils se fussent bien rappelé que les longues guerres sont de grands carnages qui font frémir l'humanité et font verser des flots de larmes, qui ne peuvent jamais laver les champs de bataille,

teints du sang de tant d'innocentes victimes ;
je le répèterai toute ma vie, la guerre est le
plus grand fléau qui puisse affliger les peuples ;
il détruisit les empires de Grèce et de Rome,
puis, arrêta pendant seize siècles la civilisation. L'histoire le leur avait pourtant prouvé.

S'ils se fussent bien rappelés que la vie de
tous les hommes, même celle d'un seul, est
précieuse ; s'ils se fussent bien pénétrés que la
félicité vient de la paix salutaire, et doux
bienfait des hommes sages et vertueux, et
qu'elle est mille fois préférable aux victoires
et aux conquêtes ; enfin, mon cher M. Delamarre, si on s'était contenté de rester en
Pologne, on eût pu y imposer la paix et dicter
des lois à l'Europe ; alors, le commerce, les
sciences et les arts fussent venus nous combler de bonheur et de joie. Mais, Napoléon
comptait sur la valeur, la puissance des Français qui sont des héros invincibles ; il semblerait que c'était par leurs illustres et valeu-
reux ancêtres, que le dieu Mars lançait ses
foudres, par mille motifs glorieux ; on serait
fondé à le croire. Cependant, en persistant à

continuer ses projets, c'était un trop grand fardeau ; aussi, je le répéterai toujours, ceux qui ont l'insatiable et dévorante ambition de vouloir porter un fardeau trop lourd se trouvent de suite écrasés ; souvent trop d'ambition perd l'homme.

Les excès dans tout sont nuisibles ; par exemple, trop d'ardeur de soleil brûle ; trop d'humidité pourrit ; trop de santé à l'homme, le fait mourir subitement ; trop de faiblesse, le fait mourir en langueur ; trop de franchise, est encore plus nuisible à l'homme que d'être trop caché ; trop de plaisir, trop de joie, trop de gaîté, trop de tristesse et de douleurs font périr. On voit des hommes d'une résolution tellement entière et opiniâtre, qu'elle les porte à l'exaltation, à la dureté, et qu'il en résulte quelquefois des malheurs ; puis, on en remarque qui sont trop faibles, trop doux, qui se laissent dominer.

On voit des hommes qui comptent tellement sur leur forte santé, qu'ils ne se purgent jamais, puis, tombent gravement malades et meurent souvent encore jeunes, laissant une nombreuse famille éplorée !!! et dans la désolation ! d'autres, qui se purgent trop souvent, usent le mécanisme de la nature, et perdent la vie, bien avant d'arriver à la vieillesse.

D'autres, dans le commerce, comme dans tout autre opération, éblouis, flattés de leur mérite, font des entreprises trop considérables et succombent ! Enfin, dans tout, en général, il faut de la prudence, de la circonspection et de la modération ; car, dans tout, les excès produisent de tristes résultats.

Voyez, mes chers enfants, cet homme sage, d'un âge mûr ; il paraît tout jeune, plein de fraîcheur, de candeur et de pudeur ; c'est que sa conduite a été exemplaire. Au contraire, voyez ce tout jeune débauché, ses traits remplis de rides ; sa figure livide, jaune, pâle, creuse, annoncent déjà la vieillesse. Dans la religion, on vit les Espagnols fanatisés, franchir les mers, le poignard d'une main, le crucifix dans l'autre, égorger, dans le nouveau monde, des peuplades entières d'innocents !

Certainement, s'ils eussent été bien pénétrés des sublimes maximes de Jésus-Christ, qui faisait du bien, même à ses ennemis, ils n'eussent pas commis de si grandes iniquités.

M. Delamarre eut l'obligeance de m'applaudir ; mais, ce fut à partir de cette époque qu'on commença à ne pas me perdre de vue pour me nuire, et à être jaloux de mon petit mérite, et que des hommes sans jugement et fiers d'eux-mêmes, se crurent des dieux, et si supérieurs à moi, que lorsque j'eus l'occasion de leur donner de bons conseils pour leur bonheur, préférèrent plutôt succomber que de m'écouter ; je les voyais hausser les épaules de pitié, en se moquant grossièrement de moi et rire du ridicule qu'ils avaient et qu'ils m'attribuaient.

Leurs amis, dieux quels amis ! disaient : qu'est-ce que c'est que ce petit Leroy ? que peut-il faire ? il n'est bon à rien ; je répondais, quand je ne serais que du fumier, j'engraisserais encore les terres qui produisent les blés qui nous nourrissent ; que chaque chose avait son mérite, et eux, cher lecteur, qu'elle était leur puissance ? c'était de me nuire devant mes concitoyens et de faire, par jalousie, du mal à leurs semblables; ils auraient dû, au contraire, penser à faire le bien. Pauvres aveugles! vous pensiez me faire du mal; hélas! il retombait sur vous.

Un jour, je rencontrai M. Varillat, directeur de la fabrique de M. Ternaux; il me proposa un emploi de teneur de livres dans cette maison; je cédai, contre mon gré, à ses désirs; je remerciai M. Courseulle de ses bontés; je le quittai les larmes aux yeux; j'eus de la peine à m'accommoder à mon nouvel état; je l'embrassai pour toujours; la suite de cette histoire prouvera que j'eus tort. Dans cette année, je me trouvai de la conscription; la paix de 1814 fit qu'on nous réforma.

Les amants, les papas et les mamans qui, naguère, versèrent tant de larmes de douleur, en répandirent de joie, dansèrent et bondirent de bonheur; ce n'était partout que fêtes et réjouissances, heureux résultats des temps calmes, qui nous comblent d'abondance, de prospérité et de félicité! Ainsi, après l'orage et la tempête, le ciel devient serein; on respire un doux et suave zéphir, qui souffle à faire plaisir.

Parmi les employés de M. Ternaux, il y en avait un, qui me rappelait par son amitié le pauvre Breton ; il se nommait Louis Froélicher, de Soleure, en Suisse ; il s'exaltait tellement pour la gloire, qu'il me dit en janvier 1814 : si les ennemis approchaient de Paris, j'irais, avec les braves français, les combattre.

Je me rappelle qu'il y avait beaucoup de neige sur la terre ; à cette occasion, je lui dis, mais en plaisantant : faites comme Charles XII, couchez-vous, enveloppé de votre manteau cette nuit, dans le jardin de M. Ternaux, sur la neige ; ce qu'il fit à notre grand étonnement, malgré qu'il gelat très fort ; l'incomparable Don Quichotte n'eût pas une si singulière pensée.

Un mois plus tard, en février 1814, il endossa l'habit militaire, et alla se battre contre les ennemis dans la plaine de Saint-Denis, puis, revint à Louviers, blessé ; son père donna ordre qu'il retournat en Suisse.

Avant de partir, il me dit : Allons nous promener sur la côte de la Villette. Il m'engagea de lui raconter ce que c'était que Charles XII ; je lui dis que c'était ce roi de Suède, qui avait encore plus aimé la guerre que Pierre-le-Grand, empereur de Russie. Charles n'avait que trois mille hommes ; aussitôt musiques et tambours se firent entendre. A ce signal, ses troupes, pleines d'allégresse et d'ardeur, se disposent à marcher à la gloire.

Après une sécheresse brûlante, jamais le bruit du tonnerre, qui assure une grande pluie, n'a été si agréable aux mortels languissants que le fut à ces soldats courageux le son des instruments de guerre, et Charles, à leur tête, culbute tout en un instant et remporte à Narva une victoire complète ; puis mit en pleine déroute une armée russe de plus de soixante mille hommes ! mais, emporté par son zèle et son ardeur à combattre comme un simple soldat au milieu de la bataille, fut vaincu à Pultava, se réfugia à Bender en Turquie, où cet extraordinaire Charles XII, avec seulement quarante domestiques, soutint, avec une hardiesse, une intrépidité sans exemple, le siége du château où il était enfermé contre une armée de plus de deux mille hommes ; il y fut pris au milieu des flammes.

On osa lui observer que la fortune était bizarre et légère, que ses faveurs et ses dis-grâces se suivent tour à tour, que l'on est bien plus près du précipice lorsqu'on veut s'élever trop haut. Mais, confiant dans ses armes, et au moment qu'il visitait un parapet, bravant l'ennemi, il fut frappé d'une balle au front. Soudain il porta la main à son épée : comme Turenne il tomba mort ; ainsi que ce grand homme, on l'enveloppa de son manteau pour cacher cette calamité aux soldats, qui le ché-rissaient.

Adieu, grandeurs ! c'est ainsi et souvent que finissent les guerriers couverts de gloire, d'honneur et de lauriers. Mais ceux qui peuvent jouir en paix du fruit de leurs victoires, leur bonheur et celui des nations est à son comble !!!

Ce fut en 1814 que je composai une petite comédie en prose intitulée *les Illusions* ou *la*

*Soirée chez M. Clarté,* qu'on critiqua sans l'avoir vue.

Le respectable M. Delongchamp en prit lecture et eut la bonté de me dire qu'il y remarquait de bonnes pensées.

M. Delongchamp fut ce respectable poète qui composa le joli opéra de *Ma tante Aurore.* Louviers fut heureux de posséder un personnage si distingué.

En 1815, je quittai la maison de M. Ternaux; puis j'eus le plaisir d'aller visiter M. Lédier, maire d'Ivry, mon parent.

C'est en parlant de lui que Napoléon dit au maire d'une ville, qui lui faisait une réponse ambiguë : « Je vous engage, M. le maire, à faire la connaissance de M. Lédier; il vous donnera, j'en suis certain, d'excellents conseils. » M. Lédier me dit : « Vous voyez le grand honneur que me fit l'empereur; je fus, mon enfant, plus heureux que l'infortuné Le Ménestrel, l'un de vos aïeux, qui fut dans un temps maire de Dreux. Il y reçut la visite d'un roi amateur du beau sexe, qui eut occasion de remarquer l'extrême beauté de M<sup>me</sup> Le Ménestrel ; mais dans un différend que ce monarque suscita exprès à M. Le Ménestrel, le roi le fit condamner à mort injustement. Aussi tout Dreux en fut consterné. Dans sa douleur, M^me Le Ménestrel se jeta aux genoux de Sa Majesté pour implorer la grâce de son mari. Le roi lui répondit : J'y consens, madame, mais à condition que vous m'accorderez vos faveurs. Cette noble dame lui répondit avec calme et dignité : Sire, jamais je ne consentirai à perdre mon honneur ; jamais non plus vous n'ordonnerez la mort de mon mari.

La juste indignation de cette dame, au lieu de rendre le roi humain et équitable, le rendit si furieux qu'il fit mourir aussitôt le vertueux Le Ménestrel. On frémit d'indignation quand on pense à l'autorité tyrannique et cruelle des rois dans ces malheureux temps. Je demeurai chez M. Lédier deux jours ; puis j'entrai chez M. Duvignau, négociant ; je restai chez lui onze ans. J'eus l'extrême douleur de le voir mourir en mars 1827. Nos caractères ouverts sympathisèrent si bien, je m'attachai tant à lui, que j'éprouvai à sa mort les plus grands chagrins, suivis d'indispositions. Je n'ai jamais rencontré d'homme si franc ; il l'était à l'excès pour moi, qui le suis déjà trop ; ce qui me fut préjudiciable, parce que je me figurais que chacun était, comme M. Duvignau, avec de bonnes intentions. Du reste, je sais que tous les hommes aiment leurs semblables et sont toujours portés à faire le bien ; mais je ne pouvais penser qu'on s'amusât à se jouer de la bonne foi, de la confiance et de la naïveté des autres pour leur nuire. M. Duvignau eut raison d'avoir de l'attachement pour moi, parce qu'il savait que j'avais refusé des places trois fois plus avantageuses que celle que j'occupais chez lui. Aussi il me promit, en 1820, qu'il me remettrait dans quelques années une somme d'argent pour me dédommager. Il était sur le point de me la donner ; mais il mourut, ce qui me priva de l'exécution de cette promesse.

Ce fut en 1826 que j'admirai dans un bal une jeune personne d'une rare beauté ; je me trouvai soudain épris de ses charmes ; elle était honnête et sans fortune ; mon cœur éprouvait des torrents de délices lorsque je la voyais ; tout le monde contemplait cette merveilleuse et adorable personne ; ses fins cheveux étaient d'un châtain parfait ; son front était magnifique ; ses beaux yeux bleus, à fleur de tête, se fixaient avec une grâce exquise vers les cieux, et se baissaient lorsqu'on la regardait avec cette extrême douceur, cette candeur et cette pudeur, qu'il semblait que la Divinité les dirigeait pour mieux gagner les cœurs, mieux les enchaîner. On voyait les lys et les roses se plaire à l'envi à orner et à embellir ses joues. Ses lèvres brillaient du plus vif incarnat ; sa gorge était éclatante comme l'albâtre. Tant de perfections, tant de trésors émanaient certainement de la Divinité et étaient le plus beau cadeau qu'elle puisse faire ; aussi elle m'inspira les plus douces affections. Mais j'appris avec peine que déjà elle aimait un jeune homme honnête sans fortune ; quant à moi, elle craignait que je la plaisantasse, ce qui était loin de mes pensées ; car je considère comme criminel celui qui trompe la bonne foi et abuse de la faiblesse d'une jeune personne : je tiens même à ce qu'on la respecte. J'en parlai au meilleur des hommes, mon ami Langlois, maître de poste à Louviers, jeune homme plein d'espérance; il réunissait à une brillante éducation des qualités aimables. Il me dit : « Mon cher Leroy vous vous abusez sur la beauté de cette jeune fille, et malgré que tous ses défauts ne soient que des charmes, elle passera comme une fleur; alors vous regretterez de vous être lié. Oubliez, oubliez-la au nom de mon amitié; peut-être serez-vous plus heureux : vous le méritez, mon bon Leroy. » Je suivis ses bons conseils.

Comme on l'avait annoncé, elle se maria avec son amant, et peu de temps après elle s'est éteinte pour aller s'éveiller et embellir le ciel.

Les moments où nous trouvions le plus de plaisir, c'était au billard. Langlois, à ce jeu, était un des plus adroits de France. Je le comparais au célèbre Pontchartrain, qui désolait par sa dextérité à ce jeu Louis XIV.

Lorsque nous arrivions dans la salle du billard, tout le monde nous faisait fête, particulièrement M. Frigard, notre commandant, qui nous disait en riant : « Vous êtes des coqs qui viennent gagner et manger toutes les poules. » On parlera longtemps de M. Frigard comme d'un homme plein d'humanité et d'affabilité. M. François Lecamus, son ami, me raconta que M. Frigard était si bel homme, que partout on le contemplait, surtout dans Madrid. Les dames ne se lassaient pas de le suivre, de se retourner, de l'admirer, d'en raffoler. Les Espagnols lui disaient que la nation française était la mieux civilisée et la plus belle du monde. Combien d'instants agréables nous passions ensemble. Hélas ! ils furent bien courts ; car le malheureux Langlois, contre mes recommandations suppliantes, alla courir sur la glace, et fit une chute terrible dont il mourut deux jours après.

Perdre mes vrais amis, ce fut pour moi des malheurs, puis d'autres que je pressentais. Peu de jours après, je rencontrai M. Hommais, ancien ami de mes trois oncles Le Ménestrel, qui moururent au champ de l'honneur; il me dit : « On vous demande chez M. Bertrand, à Elbeuf. » Je ne pus m'expliquer pourquoi, j'eus de la peine à me décider; j'avais déjà le pressentiment des contrariétés qui devaient m'arriver à Elbeuf. J'entrai donc chez M. Bertrand; un an après j'eus le malheur d'aimer une jeune personne de même fortune que moi; elle m'inspira, par son amabilité, un si grand attachement, que son image chérie me suivait partout : elle agitait mon cœur et échauffait mon imagination. La possession de cette chère enfant m'eût causé plus de joie que celle du plus beau trône de l'univers; je me rappelle sans cesse qu'une nuit entière, je versai des torrents de larmes, parce que moi, qui n'avais rien à me reprocher, et qui chérissais la justice, je me révoltais intérieurement contre l'infâme trahison dont je fus pour la première fois victime; elle fut le présage de bien d'autres trahisons ! Enfin je quittai Elbeuf.

Il n'y avait pas longtemps que j'avais perdu mon grand-père et ma grand'mère; quelques jours après, j'eus la douleur de perdre mon père; ses ancêtres étaient marchands de draps; ils l'avaient fait placer chez un de ses oncles, excellent curé, qui lui donna une bonne éducation; mais il eut le malheur de les perdre jeune et vint à Louviers. Mon père était le meilleur des hommes, plein d'honneur et ayant beaucoup d'esprit. Je remarquais avec plaisir que dans tout nous étions toujours du même avis; enfin il aima toujours à faire le bien. Nous allions souvent savourer les délicieux plaisirs de la campagne; j'ai le ravissant souvenir qu'un beau matin (j'avais alors dix-huit ans), il me dit : « Petit, allons nous promener à Elbeuf. » Après avoir parcouru cette ville, il me demanda ce que j'en pensais; je lui répondis : « J'ai remarqué avec plaisir qu'on y était très honnête, qu'on nous avait proposé de tous côtés avec politesse d'acheter du drap; que ces manières pleines de bienveillance lui accorderaient des avantages si considérables, qu'elle deviendrait un jour une grande ville. » J'eus donc le pressentiment de la prospérité d'Elbeuf. Mon père eu l'heureuse pensée de me conduire chez un vieux parent de l'estimable famille Maille, qui se plut à nous raconter tout le bien que fit dans un temps les Le Ménestrel à la famille Maille. Pour avoir une preuve de l'excessive sensibilité de mon père, je lui demandai : « Comme tu étais à Paris lorsqu'on fit mourir Louis XVI, que fis-tu ce jour-là? » Il me répondit : « Je restai toute cette triste journée dans ma chambre à gémir, car la fatalité le poursuivait; mais si Mirabeau, ce grand orateur, ne fût pas mort, ce bon roi n'eût pas subi ce triste sort.

Deux jours avant son décès, mon père me dit d'un air souriant : « A présent que j'ai vu les quatre âges de la vie : le printemps, l'été, l'automne et l'hiver, je puis mourir. » J'eus la douleur de recevoir son dernier soupir le 25 janvier 1830, à trois heures du matin; il était âgé de soixante-quatre ans. J'en éprouvai une émotion impossible à décrire et le pleurai beaucoup.

Il y avait longtemps que j'avais le désir d'aller visiter son pays; la mort de son neveu me fit partir le 12 août 1834. J'étais le 13 à Châteaudun, jolie ville sur une éminence, où il y a une belle promenade qui domine un beau vallon ; je vis le château des comtes de Dunois, il se trouve placé au bout de cette promenade ; j'y remarquai avec horreur les infâmes oubliettes ou bascules où l'on faisait précipiter l'innocence et la vertu, si cruellement et si injustement persécutées et opprimées ; car, dans ces malheureux temps d'ignorance, la force et la puissance tenaient lieu de justice et faisaient trembler et frémir le faible. Je me rendis à Autainville, gentil bourg où naquit mon père ; à son aspect, j'éprouvai émotion et plaisir ; je vis le tombeau de ma grand'mère Le Roy ; puis je suis allé à Oucques prier sur celui de mon grand-père Denis Le Roy. Comme il eut seize enfants, il fut inspiré d'un ingénieux moyen de les encourager à s'instruire : il les fit coucher dans un grand appartement qui touchait celui où était sa bibliothèque, toujours exprès ouverte ; il leur disait : « Mes petits, je ne veux pas que vous vous amusiez à lire avec ces bijoux, ces joujous, en montrant ses livres; ces jeux, ces amusements vous casseraient la tête. » Cet empêchement excitait leur curiosité, et, lorsqu'on est privé de quelque chose, on le désire avec plus d'ardeur, pareils à ces deux amants qui s'adorent et qui ne peuvent s'entretenir de leur passion. Voyez comme les charmes et la beauté d'Ève tenta tant Adam, qu'il en méprisa les cieux! Puis Pâris mit l'Asie en guerre et fit périr les Troyens; c'est une pomme qui causa tant d'accidents.

Avec quel empressement, quel plaisir ravissant, lorsqu'ils croyaient leur père et leur mère sortis, ils couraient lire, dévorer tous ces livres; ils y trouvaient un excellent et divertissant enseignement. Alors mon grand-père disait à ma grand'mère, en les contemplant à la dérobée : « Vois donc cet admirable et ravissant groupe, ma bonne Agnès; comme ces gentils petits réjouis sont charmants, intéressants; ils s'amusent agréablement et utilement. » C'était pour eux une jouissance, un plaisir délirant.

Je vis Beaugency au bon vin, Vendôme,

Blois et son château, où furent tués les Guises,
qui étaient tout près du duc d'Elbeuf; puis
Orléans, séjour admirable où la célèbre Jeanne
d'Arc se couvrit de gloire, et que Rouen vit
périr avec douleur dans les flammes. Mais les
assistants virent avec admiration sa belle âme
entourée d'anges s'envoler droit dans le ciel;
ils s'écrièrent avec allégresse : « C'est une
merveille qui reçoit sa récompense d'avoir
sauvé la France; c'est un miracle, c'est une
nouvelle sainte Vierge qui va jouir du repos
éternel. » Dans ce même temps, Magdeleine
Bavent, d'un couvent de Louviers, était si
jolie, que la hideuse jalousie suscita contre
elle la calomnie : on la disait, comme Jeanne
d'Arc, sorcière. Savez-vous pourquoi elle cou-
rait sur les toits la nuit? c'est qu'elle était
somnambule; mais dans ces temps d'obscurité,
les méchants faisaient croire aux âmes crédules tout ce qu'ils voulaient. A présent, on ne
croit plus aux sorciers, parce qu'il n'y en a
jamais eu; mais il y a toujours eu des méchants, et, quand ils désirent perdre une hon
nête femme, ils font courir le faux bruit

qu'elle est folle ; ce n'est pas galant. A Orléans, je vis MM. et M<sup>mes</sup> Sévin Le Roy et Giraud Le Roy et leurs aimables enfants, demeurant dans le faubourg de Saint-Jean-Leblanc; ils sont les neveux et nièces de mon père. L'église Sainte-Croix et les promenades sont magnifiques; j'admirai le gentil Olivet et les ravissants bords du Loiret.

Je revins par Dreux, berceau de mes trisaïeux. La chapelle, située sur un coteau, est magnifique. Je visitai mes parents, d'abord la respectable M<sup>me</sup> Rosé, née Le Ménestrel, la meilleure des mères et des épouses, d'une tendresse, d'une douceur, d'une affabilité exquises; on admirait dans sa noble figure toute la grandeur de son âme; elle aimait toujours à secourir l'infortuné. J'ai appris sa mort avec douleur, tant de vertus doivent être dans les cieux; je me rappelle sans cesse l'accueil aimable, plein de bienveillance, de confiance et d'abandon qu'elle daigna me faire. Je vis ensuite M. Le Ménestrel, puis M. Rotrou Le Ménestrel, descendant du célèbre Rotrou qui fit l'éducation du grand Corneille. Rotrou, demeurait à Paris lors de la funeste peste de Dreux, sa patrie, ému des désastres qu'elle causait, il accourt poursecourir ses amis et meurt victime de son dévouement. Enfin je vis M^me Dujarier, née Le Ménestrel, et son infortuné fils, directeur du journal *la Presse*, qui mourut d'une manière si déplorable.

Il y avait quatre ans que j'étais à Louviers; on me fit proposer une place de receveur de contributions; l'honorable M. Passy, ministre des finances, daigna m'écrire qu'il s'intéressait à moi. Cependant j'abandonnai ce projet et cédai aux désirs de M. Boucachard, négociant à Elbeuf; je revins donc habiter Elbeuf en 1837. En juin 1837, j'eus le plaisir d'aller voir le château et les délicieux jardins de Radepont; puis je montai cette célèbre montagne des Deux-Amants, du haut de laquelle on jouit du plus merveilleux point de vue, d'où l'on admire d'abord une belle plaine où serpentent l'Eure, l'Andelle et la Seine, puis de jolis ruisseaux faisant briller au beau soleil comme des diamants et perles leurs étincelantes eaux;

pnis trois charmantes vallées d'où l'œil cherche à distinguer cent gentils endroits dont je
citerai Léry, que la reine Blanche de Castille
appelait son séjour bien aimé, puis le Pont-
de-l'Arche, Elbeuf, Louviers et le Vaudreuil,
où Frédégonde fut reléguée. Un brave homme
me raconta l'histoire des deux amants; il y a
déjà longtemps qu'un noble d'Amfreville, par-
tant pour la guerre, confia sa fille à une gou-
vernante.

Un bon jeune homme sans fortune, en devint amoureux et déclara à la belle sa passion, elle lui avoua avec candeur qu'elle l'aimait. Lorsque son père fut de retour il la
demanda en mariage; le sombre châtelain lui
répondit d'une manière sinistre, j'y consens,
mais à condition que tu porteras sur ton dos
ma fille, sur la cime de cette montagne. Les
amants consternés levèrent les yeux au ciel,
et firent une prière; hélas! c'était la prière
des agonisants. Cependant le pauvre jeune
homme, faisant preuve d'un courage héroïque,
se chargea de son précieux fardeau, mais arrivés au sommet, ils sont épuisés de douleurs

et accablés de fatigues, tombent entrelacés sur terre et jettent, hélas ! le dernier soupir ! Combien de malheurs arrivent sans cesse par des amours contrariés. Je sens en écrivant ceci, mon cœur battre et je vivrais cent mille ans que je n'oublierais jamais des injustices de ce genre.

Le 17 décembre 1839, j'eus la douleur de voir mourir ma mère âgée de soixante-douze ans, elle m'aimait si tendrement qu'elle désirait toujours me voir à côté d'elle, elle ne voulait pas que j'habitasse Elbœuf ; M. Boucachard parvint à la décider de m'y laisser retourner ; sa mort fut pour moi une grande perte, j'en éprouvais un chagrin extrême, elle fut aussi honnête que douce de caractère.

Peu de jours après, je rencontrai un ancien ami dans Rouen ; je lui dis que je remarquais qu'il paraissait fort triste, il me raconta qu'ayant été à la veille de se marier à Paris avec une personne riche, elle s'était rétractée et venait d'épouser un monsieur sans fortune, qu'elle aimait, je l'engageai de bénir sa sincérité et lui racontai que j'avais connu une jeune demoiselle qui aimait un jeune homme quoique plus riche qu'elle; ses parents l'avaient forcée d'en épouser un autre qui leur convenait mieux; mais qu'elle avait en aversion, même en horreur, elle lui disait toujours, vous êtes cause de mon malheur; leur ménage était un enfer anticipé, ils étaient nuit et jour même continuellement à se disputer et à se frapper. Mon ami se consola donc et me demanda si je ne connaissais pas une demoiselle à marier? Moi, qui suis enchanté quand j'oblige, je fus heureux de le servir; je demandai pour lui une demoiselle riche à millions et jolie; je fus excellent ambassadeur, car malgré une grande différence d'âge je fis réussir ce mariage. Si on m'eût rendu un si grand service, j'aurais été charmé d'avoir toujours sous mes yeux mon bien-aimé protecteur et lui être agréable. Je ne regrette pas d'avoir fait de bonnes actions, au contraire, je m'en félicite, car mon cœur est toujours heureux, ravi, quand il en peut faire. Mais combien j'ai obligé d'amis!!! Combien j'ai rendu de services en tous genres; hélas! combien j'ai rencontré d'ingrats, même de persécuteurs dans ceux que j'ai le plus obligés. Je leur pardonne, parce qu'ils n'eurent jamais le bonheur de connaître ni la reconnaissance, ni le cœur noble de l'homme !

Toute ma vie je me livrai avec ardeur au travail, que j'ai toujours considéré comme le père du plaisir. Ces moments plein de charmes vont disparaître pour être désormais traversés par des trahisons continuelles qu'enfante la jalousie, l'ennemie éternelle du mérite et de la vertu.

Sans parents, sans protecteur dans Elbœuf ; des hommes ardents à faire le mal, vont abuser de mon excessive bonté, de mon excessive franchise, pour m'exploiter à toute outrance et faire voir noir ce qui est blanc comme neige à des personnes faibles, crédules, cependant respectables, qui tomberont dans des piéges adroitement tendus, pour faire écrouler même les espérances de mon bonheur. Aussi, c'est bien le cas de dire, qu'un coup de langue est pire qu'un coup de lance.

Illusions chéries, vous allez disparaître,

semblable à un nuage épais qui voile ce beau soleil.

Mon Dieu! daigne m'inspirer pour faire voir à mes lecteurs avec quelle persévérance, quelle perversité, mes ennemis dévorés de jalousie, se servirent de la calomnie, qui noircit tout par où elle passe, semblable à cet affreux ouragan qui lance, avec la rapidité de l'éclair, la dévastation et la mort dans la contrée qu'il parcourt.

Ils trompèrent donc, hélas! ceux dont j'avais l'espoir d'être les amis. Quels avantages ont-ils obtenu de briser mon bonheur?

Aucun que celui de farouche et dévorant plaisir de faire du mal à l'innocence et à la vertu, qu'ils foulèrent aux pieds, avec cette joie féroce qu'ils nomment leurs délices, puis comme s'ils allaient faire une bonne action. Une bonne action, mon Dieu, pourquoi leur caractère la repousse-t-il avec horreur?

C'est que les bonnes œuvres sont réservés aux cœurs sensibles! Les méchants osèrent donc, sans pudeur aucune, sans aucune retenue, me transformer en être vil et ridicule;

enfin, ils persistent encore avec ardeur à me faire effacer de la société, puis à me donner moralement la mort.

Si ces actes injustes et méchants restèrent impunis, c'est, j'ose le dire, que j'ai assez de grandeur d'âme pour savoir leur pardonner et pour savoir supporter l'adversité avec laquelle je dois me jouer, comme si je jouissais de la félicité; car à quoi servent la vengeance et le désespoir.

Le désespoir, voilà précisément, cher lecteur, ce que mes ennemis désirent ardemment; c'est leur but principal. Il serait leur plus belle victoire, leur plus grande joie, parce qu'il cacherait, pénétrez-vous-en bien pour toujours, leurs trahisons. Même ils sont étonnés de me voir ferme et radieux devant le malheur où ils m'ont plongé.

Le désespoir! ils n'auront pas cette satisfaction; j'espère même que Dieu me protégera, du reste, je m'en flatte, parce que j'aime toujours à faire le bien et non le mal. Ne craignez pas que je vous nomme, j'aurai en cela plus de délicatesse que vous, qui me frappez à grands coups dans l'ombre, parce que, si vous étiez à ma place, vous me poursuivriez vigoureusement. Je serai donc, chers ennemis, généreux envers vous; puissé-je vous ramener à de nobles sentiments et me faire, à l'avenir, autant de bien que vous me fîtes de mal dans l'opinion publique, et avec gaieté de cœur. Même je vous souhaite autant d'or qu'il y en a en Californie. Si vous en deveniez possesseurs, aimez donc à faire le bien aux malheureux.

Voilà comme je me venge de mes ennemis.

Non, cher lecteur, je n'eus jamais la monomanie de vouloir épouser des demoiselles plus riches que moi.

En admettant que cela soit, est-ce un crime, cher lecteur, d'aimer ce qu'il plût à Dieu de créer, ce qu'il y a de plus beau, de plus attrayant, de plus divin, enfin d'adorer, de respecter une jolie, une merveilleuse personne?

J'en appelle, cœurs sensibles, cœurs aimants, à vos justes et sages consciences.

Ce mot de monomane, lancé contre moi

par la jalousie, est trop souvent et malheureusement l'infâme moyen dont les méchants
se servent pour perdre l'honnête homme; il
est même leur grand cheval de bataille.

Ils ont même gagné, prié, supplié, excité
avec adresse des honnêtes gens qu'ils trom-
paient et qui ne savaient ce qu'ils faisaient
pour le débiter, puis me firent insulter publi-
quement.

Ne leur a-t-il pas servi victorieusement aux
élections pour me nuire, puisque je fus gravement insulté, tout en me comportant avec
la plus grande prudence et en homme d'honneur.

La preuve que je ne tenais pas à des demoiselles plus riches que moi, c'est que les
deux premières, dont je vous ai entretenu
n'avaient point de fortune. Que dis-je, point
de fortune! y en a-t-il de plus belle que l'honneur, la douceur, la candeur, la pudeur, l'a-
mabilité, l'affabilité, la vertu, les charmes, les
talents? Mais ces inappréciables dons de la
nature valent plus que des milliards, car on
ne peut les acheter avec de l'or; personne ne

pourrait contester ce que j'avance, pas même
la divinité qui les fit naître, puisqu'elle les a
dévolus en partage à ce bel uuivers pour le
bonheur de l'humanité.

Je le répète, cher lecteur, s'il y a des dons
plus sacrés, plus merveilleux, plus divins que
ceux-ci, je vous en prie, nommez-les moi,
mon Dieu ! pour la félicité du monde entier.
Cependant je les cherche ; mais mes faibles
moyens me privent du précieux avantage de
ne pouvoir les approfondir : ce sont des mystères impénétrables où mon esprit se confond.

Tous ces motifs, cher lecteur, doivent vous
prouver que l'amour de l'or n'entra jamais
dans mon cœur, surtout dans une circonstance aussi délicate, aussi sacrée que celle du
mariage. C'est à mon avis trahir une jeune
personne que de ne convoiter que sa dot et
non l'inappréciable don de son cœur, en si-
mulant le rôle si hypocrite de l'aimer.

Combien de victimes innocentes ainsi sa-
crifiées ! combien de souffrances secrètes, et
que la modestie, la discrétion, doivent nécessairement cacher, étouffer !

O vanité! ambition! orgueil! vous êtes cause de ces désordres, de ces malheurs irréparables.

Je le répète, trop souvent les pères de famille, aveuglés par le fanatisme de l'or, abusent impunément de leur autorité pour repousser avec fierté, avec dédain, quelquefois avec insolence, d'excellents partis sous le rapport des qualités de l'esprit et du cœur, et sacrifient ainsi leurs enfants, dont ils font un trafic honteux, semblable à celui des esclaves nègres, et comme si les jeunes personnes étaient des marchandises. Aussi, lorsqu'un jeune homme se présente honnêtement chez un riche avare pour lui demander la main de sa fille, cet avare veut prendre un air de dignité; mais malgré lui, son air devient plus sombre que d'habitude; ses yeux décèlent le soupçon; sa contenance est raide, embarrassée : on dirait qu'il craint qu'on se présente chez lui pour le surprendre, le tromper; il regarde furtivement et d'un air embarrassé de tous côtés; il se dit quel est cet homme qui veut ma proie, mon trésor inappréciable, ma fille, mon diamant, mon bijou. Cependant ses premières paroles sont : « Vous me faites beaucoup d'honneur ; » mais elles ne sont pas l'expression de son cœur. Puis il demande au jeune homme ce qu'il apporte en mariage ; enfin quelle est sa fortune présente, ses héritages à venir.

S'il répond qu'il est très riche, l'avare lui dit : « Intéressant jeune homme, daignez avoir la bonté de vous asseoir ; j'avais oublié de vous offrir ce fauteuil. Voyez, mon cher enfant, le mariage d'une fille chérie, douce comme un mouton, est une chose si délicate, que cela trouble. Excusez-moi, je vous prie. » Alors il se livre à des transports inexprimables d'allégresse et d'enthousiasme. Ses joues se colorent de joie ; car le jeune homme, à ses yeux, est un génie, un Dieu, un saint, qu'il faut fêter comme Pâques ; puis le porter en triomphe.

Mais s'il n'a que peu de fortune, l'avare trouve que ce jeune homme a bien de la témérité et de l'impudeur, pour souiller son domicile par sa présence. Aussi il lui dit de suite : « Excusez-moi, monsieur, je ne puis vous re-

cevoir plus longtemps ; des affaires impor-
tantes m'appellent dans la ville. » Ce qui veut
dire, dans sa pensée, jeune fou, audacieux,
sortez d'ici. Ma fille n'a point été bercée pour
un misérable comme vous. Il se dit intérieurement : Si ce misérable avait des ailes ou un
ballon ailé, il enleverait ma fille comme une
plume.

Au nom du bon ton et des bienséances,
riches avares recevez tout le monde avec des
manières pleines de convenance, de noblesse
et d'affabilité, afin qu'elles aient le cachet
sacré qui doit être le prélude du bonheur de
vos enfants!!!

Mais lorsqu'on les sacrifie, alors que de
remords, que de mauvais ménages, que de
maux sans fin, et qu'il n'est plus possible d'ar-
rêter!

On dit que l'innocence opprimée inspire de
l'éloquence, puis de bonnes pensées; et,
comme je suis une victime de l'erreur de
quelques hommes, et que je suis trahi, je désirerais de toutes les forces de mon âme

qu'elles m'en donnent assez pour réaliser le bonheur du monde entier. Je ne puis seul me juger dans cet écrit; mais je sens, comme calomnié, le besoin de faire voir, de persuader mon bénévole lecteur de ce que je suis. Qu'il me juge! Je suis calomnié : il faut que le voile de la méchanceté soit déchiré.

En 1839, j'aimais une sémillante et jeune personne au riant visage; je fis demander sa main par une personne très respectacle. Son père ne céda pas à mes désirs : je dus respecter ses volontés, et ne fis pas d'autres démarches, d'autant plus qu'on me dit que j'étais déjà trahi.

L'honnête homme aime : il veut être compris; mais il ne connaît ni les intrigues, ni la persévérance : il ne doit pas se soumettre.

En 1841 je fis un voyage à Beauvais, patrie de l'intrépide Jeanne Hachette. J'y rencontrai un camarade d'enfance; il était tellement brave, qu'il sauva la vie à diverses personnes. Son dévouement à l'humanité fut cause de sa mort: car au moment où il sauvait la vie à une jeune personne, il périt.

En 1842, je ne pus me défendre d'aimer une très respectable et admirable demoiselle, au visage rempli de grâce et de perfection, au ris majestueux rempli de douceur ; on le dirait même émaner de la Divinité. Elle était d'un âge raisonnable, mais un peu plus riche que moi. Comme la fortune règle les rangs sur cette terre, je me pénétrais bien que tant de beauté, tant de vertus, valaient même plus que d'immenses trésors. Aussi moi, pauvre et chétif mortel, si Dieu me donnait de l'espoir pour l'obtenir, ce n'était pas un crime. On me disait qu'elle était un peu trop riche pour moi ; aussi je ne pouvais même penser que je n'obtiendrais ni le précieux honneur, ni même le bonheur de sa main.

Cependant, comme on remarquait que j'étais trop franc, on me conjurait de bonne amitié de garder le secret de mon affection. Mais j'eus toujours en horreur la dissimulation. Cependant le cardinal de Richelieu disait qu'il fallait être sans cesse d'une grande discrétion ; sans cela aucune réussite dans les affaires. Comme Louis XI, il répétait : Si je pensais que mon chapeau sût ma pensée, de suite je le jetterais au feu ; car le plus honnête homme pourrait lui-même être victime s'il lui échappait la plus légère indiscrétion. Enfin, que celui qui était discret était plus souvent heureux que celui qui était franc.

Diverses personnes se figuraient à tort que je n'aimais pas cette demoiselle, que c'était plutôt sa fortune qui me flattait ; on était dans une grande erreur : on ne connaît pas les tendres sentiments de mon cœur. Je le répète : je n'eus jamais le triste préjugé de l'or, qui déprave souvent les meilleurs cœurs et fait malheureusement taire à chaque moment la nature ; car jamais l'or ne me parut une chose aussi précieuse qu'on le trouve. Voilà toute ma pensée : Que deviendrions-nous si la terre n'était couverte que d'or ? Je réponds que nous n'existerions pas, parce qu'il n'y pousserait certainement point de blé, ni toutes les autres merveilleuses productions si nécessaires à la vie, et que les bonnes terres nous procurent.

Enfin, on a donné de la valeur à l'or (parce

que c'est un métal rare) pour qu'il serve de moyen d'échange de biens et de marchandises ; mais peut-on acheter avec de l'or de la vertu, de la santé, de la vie, de douces affections? Non ! non ! non !

Je vais vous en donner un seul exemple sur mille : j'appris, dans un voyage, qu'un jeune homme sans fortune, sans naissance, sans beauté, s'était épris des charmes d'une fille unique, riche de plus de trois millions, et qu'on comparait en beauté à Vénus, puis, en grâces, à la merveilleuse Armide. Aussi tout le monde plaisantait ce jeune homme ; on disait : jamais il ne l'aura ; c'est un fou, comme cet esprit bouché qui prétend à l'immortalité ; le père de cette demoiselle y mettra ordre. L'amour propre de cet amant fut piqué des insultes dont il était l'objet : sa persévérance lui fit obtenir la main de cette demoiselle. Alors on eut la faiblesse de crier au miracle ; puis on dit : Ah! qu'il est heureux ! Maudite prévention de la fortune, vous fûtes cause de ces exclamations ! mais on n'apercevait pas le revers de la médaille. Bons jeunes gens, avant que d'aimer sachez bien à qui vous vous adressez.

Deux ans après ce mariage, et par suite de grands chagrins que lui fit éprouver son épouse, il alla se jeter à l'eau ; après sa mort, on trouva sur le bord du rivage une lettre qui attestait ses souffrances. Il eut tort de se mettre dans ce désespoir ; mais, s'il eût pu, avec son or, acheter un changement de caractère à sa femme, certainement il serait encore existant, à moins que le choléra soit venu l'enlever.

Pour moi, on me dit un jour que j'avais tort de penser à cette demoiselle, parce qu'elle était plus riche que moi ; celui qui n'a jamais aimé avait raison, cependant on vit de tout temps des personnes sans fortune en épouser de riches ; on sait que Ima, fille de Charlemagne, empereur, épousa le pauvre Eginard, simple secrétaire ; que Pierre Legrand, empereur de Russie, se maria avec une pauvre paysannne, qui fit preuve, sur le trône, de grands talents ; et que Louis XIV épousa M^me de Maintenon, et mille exemples semblables.

Les amis de la famille de cette honorable demoiselle, me faisaient mille fêtes, mille amitiés ; une fois trahi, vaincu, ils me tournèrent le dos avec cette grâce, puis cette vitesse, qu'on remarque chez les singuliers habitants d'inaccessibles Capitales du pays de Circonstance. Cependant, depuis que ces hommes capricieux font du commerce avec les riches habitants du grand pays de Philosophie et qu'ils font avec eux de grands bénéfices, ils deviennent plus traitables, plus aimables, et s'humanisent de cette manière que vous comprenez, cher lecteur ; enfin, l'appât du gain qu'ils font avec leurs commettants, les forcent d'être honnêtes en leur présence, ce sont des grimaces qui ne passent pas le nœud de la gorge ; ils savent si bien se contrefaire !

La Capitale de ce merveilleux pays se nomme l'Espoir ; le climat est doux et salubre ; on est charmé de raconter le bonheur qu'on goûte dans le pays de Philosophie ; il produit de tout en abondance ; cependant, on y voit ni dindes, ni oies, ni ânes ; il y a beaucoup de renards, mais on ne remarque pas d'autre gibier ; vous pouvez en lire les motifs dans le code des chasseurs, par M. Génie ; il se vend chez M. Gazebrillant, dans la ville de l'Espoir, rue du Grand-Esprit, n° 100, au coin de la rue de Voltaire, près du passage de Longchamps, et proche de la place des Victoires ; non, je me trompe, les habitants du pays de Philosophie n'admettent pas le nom de Victoires, quoi qu'il soit très glorieux ; ils disent qu'elles coûtent trop de sang innocent ; mais, ils adorent les victoires sur les passions, et y ont un temple en leur honneur ; c'est donc bien place des Vertus, où demeure ce libraire ; cette place a la forme d'un beau et grand cœur ; la statue de la justice est au milieu.

Les habitants de Philosophie sont si conséquens avec eux-mêmes, qu'on leur fit voir après une victoire, un champ de bataille, couvert de corps morts. Grands dieux ! quel triste spectacle se présente à leurs yeux, un carnage, une boucherie épouvantables ; des mères reconnaissant le corps de leurs chers enfants quelles avaient élevés avec les plus grands soins pendant vingt ans, expirants dans des flots de sang ; on n'entendait que lamentations et plaintes ; les uns demandaient la mort à grands cris ; les autres tendaient leurs bras suppliants, vis-à-vis de leurs parents, de leurs amis, et leur disaient le dernier adieu.

Semblables à ces petits oiseaux que le chasseur blesse ; de même que ceux que les petits garçons dénichent, voyez leurs petites mères sur des branches, soupirantes, lamentantes, puis, faire leurs derniers adieux à leurs petits oiseaux et à leurs petits nids. Plus de gaîté pour elles au lever de l'aurore et du soleil, ni la nuit encore ; plus de chants, ni ces mille petites roulades et charmants gazouillements ; pareils à ces infortunés amants qui s'adorent, et qui voient en un instant fuir leur bonheur ; pauvre vie !!!

Ces peuples ont une grande vénération pour Sully ; ils lui ont dressé une statue dans la ville de l'Espoir, sur la belle place de l'humanité ; ils chérissent la paix et ne font la guerre que quand on les attaquent. Ils ont raison ; ils n'aiment point le fameux guerrier Tamerlan ; aussi, ils disent souvent : quand les portes du temple de Janus se fermaient, c'était une marque de paix et de bonheur sur la terre et le présage de plaisirs infinis. Ils n'ont aucune estime pour les avares, et disent que l'avarice paralyse le commerce ; ils ont raison, car la plus belle jouissance de l'homme, c'est d'avoir l'âme grande et généreuse ; c'est de chérir les pauvres ; c'est de les combler de bienfaits et de les utiliser. On remarqua un matin, sur la porte d'un avare, qui avait épousé une riche et belle personne, cet écrit :

> Je ris de l'avare qui adore fort,
> Jours, nuits, heures, minutes, son or ;
> Je ris encore d'un époux qui s'endort
> Auprès d'un plus agréable trésor.
> Très sérieusement, mes braves gens,
> Ayez donc de nobles sentiments.

Quoique je ne sois pas superstitieux, je fus frappé d'un singulier rêve, que je fis dans la nuit du 31 décembre 1843. Je songeais que de riches messieurs étaient assis sur de beaux fauteuils, dans un salon ; j'entendais qu'ils se concertaient pour ruiner les espérances de mon bonheur ; caché derrière un paravent, voilà ce que j'entendais : c'est un crime à nos yeux, qu'un homme qui a peu de fortune ose prétendre à la main d'une demoiselle riche ; jurons donc de le faire passer pour fou. Une jeune fille aux yeux brillants qui se trouvait là se mit à rire aux éclats ; mais on la traita de folle et de philosophe ; puis, ils dirent : quant à M. Le Roy, nous nous chargeons avec une excellente trahison et une dose de ridicule de le mettre à la raison ; même en 1848 et en 1849, on voudra le nommer député ; les jaloux diront avec nous : qu'est-ce que c'est que cet homme là ? Ne votez donc pas pour çà ! nous anéantirons tous ses projets. Dans ce moment, un coup de tonnerre vint nous écraser, puis, je m'éveillai tout ému de ce triste rêve. Il m'en rappela un autre que j'avais fait huit nuits avant. Je rêvais que j'étais à la messe dans une église à côté d'une demoiselle ; nous vîmes, avec admiration, la voûte du chœur s'ouvrir au son d'une musique, dont il me serait impossible de décrire les délicieuses harmonies ; nous aperçûmes avec une surprise

mêlée de joie, Dieu venir droit à nous, éblouissant d'une beauté incomparable et dans toute
sa splendeur, entouré d'une immensité d'anges,
de soleils et de millions de beautés inexplicables, par rapport à leurs formes et leurs
grandeurs différentes.

Dieu mit avec une grâce infinie ses divines
mains dans les nôtres; puis, nous conduisit à
l'autel, nous bénit et nous unit. Notre surprise
fut à son comble lorsque nous nous sentîmes
légèrement enlevés dans les cieux, bienheureux séjour des hommes vertueux; ce que
nous y vîmes, nous parut si sublime, si beau,
que je ne pourrais trouver d'expression pour
pouvoir en décrire toutes les merveilles, mises çà et là avec une grande profusion.

Jardins, fleurs exquises, parfums, or et diamants très brillants, qu'on dit si précieux sur
la terre, qu'on adore, et dont on raffole, ne
sont rien auprès. Enfin, nous remarquâmes
d'inexplicables et d'incomparables merveilles,
que nous n'avions jamais vues sur terre, si
grandes, si étendues, si infinies, qu'il n'y a
pas d'expression pour pouvoir en décrire les

divines merveilles de perfection ; enfin, toute la terre comparée avec l'immense étendue des cieux, n'est qu'un tout petit point.

Je fus surpris d'y voir un grand philosophe qu'on aurait pu croire en enfer ; un saint me dit, c'est qu'il avait été calomnié sur la terre. juste dédommagement !

Nous descendîmes comme par enchantement dans l'église ; puis y fîmes notre prière pour remercier l'Etre suprême de ses bontés infinies ; puis je m'éveillai.

Mes ennemis connaissant mon inclination pour cette demoiselle ne s'endormirent pas ; car, dans la crainte où ils étaient que je puisse réaliser ce mariage, ils s'empressèrent avec ardeur, prudence, et avec une manière de feinte secrète pour mieux exciter la curiosité publique, de faire courir le faux bruit que j'étais devenu monomane ; mais comme ils savaient bien que cet assassinat moral était rigoureusement puni, je sus qu'ils dirent : Si on nous attaquait en calomnie, nous éluderions la sévérité de la loi et désarmerions nos juges en répondant que nous entendions dire que M. un tel est fou d'amour pour M^{lle} une telle, qu'il l'adore, c'est-à-dire qu'il l'aime passionnément, ce qui est naturel, parce qu'elle est respectable et remplie de vertus, de beauté, de grâces, de charmes et de perfections incomparables ; si le public ne comprenait pas le sens de nos paroles, nous en serions fâchés, même peinés, mais nous n'avions aucune arrière-pensée ni mauvaise intention de nuire à M. un tel, etc. ; étant innocents, nous serions acquittés.

Ces calomniateurs furent plus redoutables et infiniment plus coupables que cette femme dont parle le bon Lafontaine, à laquelle le mari dit un matin : —Ma chère Paradis, je t'en prie, ne conte point ce que je vais te révéler ; je compte que tu en garderas le secret. — Qu'y a-t-il de nouveau, mon petit mari, mon bijou chéri ? — Eh bien, ma bonne femme, apprends que j'ai fait un œuf cette nuit d'une belle grosseur. Elle l'assura en faisant : ah !... qu'elle allait être discrète ; mais ce secret sur son cœur était comme un cauchemar qui l'étouffait, elle s'empressa de le conter de suite à sa voisine, qui alla au marché et dit à une jeune villageoise qui vendait des œufs : — Ne faites pas tant la renchérie, les œufs vont diminuer de prix, les hommes en pondent à présent joliment, gros comme cent. Semblable au coup de canon qui se répète aux échos d'alentour, sur la fin du jour le nombre d'œufs qu'avait créé cet homme s'éleva à plus de cent : Dites du bien d'un homme, vous en faites un dieu ; dites du mal, vous en faites la risée, le rebut de la société.

L'assassin qui perce avec son poignard le cœur de l'homme vertueux ne lui fit pas tant de mal qu'à moi, parce qu'il expira de suite. Puis on dit : C'est bien malheureux. Mais moi, plein de vie, je suis mort moralement et ridiculisé aux yeux de ceux qui ne me connaissent pas. Puis on peut me fermer toutes les portes, surtout ceux qui ont reçu une mauvaise impression sur mon compte, il est si facile d'égarer, de tromper la multitude, qui croit plus souvent le mal que le bien, que j'aurais les plus grands talents des grands hommes de l'univers, quand je voudrais parler, serait-ce pour le bonheur du monde entier, qu'on ne voudrait pas m'écouter, on me ferait toujours taire. Aux yeux de ces méchants, un homme généreux et de moins dans l'immensité; ce n'est qu'un tout petit point sous terre à se reposer.

Leur calomnie a donc réussi au gré de leurs désirs. D'abord, je demandai aux honorables parents de cette respectable demoiselle sa main. Je fus refusé. Puis, je désirerais parler en société, on ne voudrait pas m'écouter. J'en ai eu la preuve : Je voulus faire un discours dans une réunion à Louviers en 1848, au sujet des élections ; mais des hommes *graves* dans les affaires *futiles*, puis *légers* et *riants absurdement* dans les plus *sérieuses*, usèrent de la triste influence qu'ils eurent pour m'empêcher de parler. Cependant, tout en me présentant le plus respectueusement devant cette réunion de plus de cinq cent personnes, je fus fortement insulté. Même lorsque je sortis dans la rue, ils continuèrent contre moi leurs injures. Je les voyais rire de leur déplorable triomphe. Ils pensèrent me faire de la peine, m'arracher des plaintes et du désespoir ; mais je me sentais au-dessus des injures. Voilà pourquoi je gardai le plus profond silence, puis je leur pardonnai et ris de pitié de leurs menées.

Des personnes équitables en furent indignées et firent des reproches aux malintentionnés. Ils répondirent adroitement pour voiler leurs perfidies : C'était pour plaisanter que nous lui avons fait cela.

La patrie, surtout dans ces temps malheureux, n'a pas besoin qu'on plaisante ses enfants en présence de la multitude ! ! !

J'étais donc bien puissant à leurs yeux pour exciter une si grande jalousie, avec cette puissance, j'avais l'ardent désir de contribuer à faire le bien.

Cependant, je le répète, la dignité de l'homme n'est pas d'insulter ses semblables, mais bien de les respecter, la civilisation y gagne considérablement. Ne doivent-ils pas savoir que la discorde prend naissance dans les injustices, les injures et les insultes.

Semblables à ces amas de nuages comprimés par des vents contraires, ils finissent par produire des orages, des curagans.

Depuis longtemps j'avais le désir de quitter Elbeuf, puis de faire un voyage dans le Maine pour y visiter un de mes parents.

Avant, je crus devoir faire une visite à M. de Brissac-Montmorency, en son château de Bretot. Je n'eus pas l'honneur de le rencontrer ; mais j'eus le plaisir d'être reçu par madame son épouse et M. son fils. Ils eurent la bonté de m'engager à rester quelques instants avec eux et daignèrent me faire l'accueil le plus flatteur.

On savait que je devais partir d'Elbeuf, on m'engagea d'y rester. Je reçus une lettre datée d'Elbeuf 10 août 1846, dont voici le contenu :

« Quelque soit, mon ami, le pays où vous
» irez, on pourrait, après la calomnie dont
» vous êtes victime, chercher méchamment à
» vous nuire ailleurs ; restez donc ici, où on
» vous estime. Je fis tout ce qui dépendait de
» moi pour vous être utile ; mais votre timi-
» dité, votre franchise, et les trahisons dont

» vous fûtes victime, furent la cause de votre
» malheur; je forme des vœux pour que vous
» soyez aussi heureux que vous le méritez. »

Avant de quitter Elbeuf, j'allai me promener sur la côte Saint-Haut; je me reposai au haut, sur une gentille pelouse verte semée de jolies fleurs, d'agréables et douces odeurs et tout près de ce délicieux bois né avec l'univers. Je considérai cette magnifique vue qui réjouit le cœur et d'où l'on découvre d'abord l'actif Elbeuf et Caudebec, et leurs deux cent cheminées-colonnes lançant dans l'air, comme à Paris, des masses de fumées qui vont s'unir aux nuages. Plus loin, on contemple la Seine, qui forme un demi-cercle de quatre lieues, puis serpente à dix places différentes; puis on regarde en souriant les agréables bosquets, jardins, châteaux de Saint-Aubin et de Cléon, promenades ravissantes.

Sur cette côte, je puisai, comme l'infortuné, des consolations à mes chagrins et l'espérance d'un meilleur avenir; il me semblait que ma santé s'accroissait. Après, je vis avec satisfaction au bord de ce bois, autour de leurs moutons de jeunes bergers et bergères danser en rond et chanter à haute voix le bel air du *Bonheur des peuples* sur celui *Nous sommes plus heureux que ces beaux messieurs de la cour*, *Vive la santé, la joie et la gaieté*, enfin ils chantèrent le magnifique air du *Respect aux nations* en se saluant tous.

Le soleil venait de se coucher, la nuit s'avançait, et le timbre d'or et sonore de l'église Saint-Etienne leur annonça qu'ils devaient partir.

Comme eux, je descendais cette montagne lestement, plus radieux et plus réjoui qu'un inquiet et taciturne millionnaire, une personne me dit : Malgré les persécutions dont vous fûtes victime, vous êtes heureux d'avoir toujours le sourire sur les lèvres; comment seriez-vous si vous aviez obtenu celle que vous aimiez? Je lui répondis : Avec des *si*, on pourrait réaliser le paradis terrestre en ce monde.

Je quittai Elbeuf le 20 août 1846, arrivai à Séez, Alençon et le Mans les 21 et 22. Ce sont trois jolies villes; puis je me rendis à la Flèche, ville de sept mille âmes, dans une belle situation , sur le Loir. Comme elle me plaisait, j'y restai plusieurs mois.

La Flèche n'était qu'un village , lorsque Henri IV y fit construire deux beaux châteaux. J'y fis la connaissance d'un riche américain des Etats-Unis. Il me dit que les habitants de son pays étaient doux et remplis de politesse, qu'une dame , riche ou non , était partout respectée , et lorsqu'elle allait en voyage et qu'elle se présentait devant une voiture pour réclamer une place, tous les hommes qui étaient dedans s'empressaient d'en sortir et la  saluaient respectueusement, puis lui offraient, avec mille prévenances, la meilleure place, et que tous les jeunes gens saluaient avec respect les vieillards partout où ils en rencontraient.

Au moment de retourner dans son pays, il voulait absolument que je l'accompagnasse , ainsi que sa charmante demoiselle , quoique âgée de seize ans ; elle avait un esprit ravissant, son gentil et tout petit nez retroussé lui allait à merveille , même la rendait intéressante et fort jolie. Nous allions tous trois nous promener au château du Roi-Vert-Galant, qui appartient maintenant à M. Le Hurcy, ancien sous-préfet. Ils me pressèrent de les suivre en Amérique. Je les remerciai de leurs bontés; ils en parurent affligés; je le fus autant qu'eux de lui refuser.

La Flèche était ma ville de prédilection et me plaisait infiniment. Il y avait trois mois que je recevais de ses aimables habitants un accueil bienveillant et flatteur; j'y oubliais les chagrins que j'avais éprouvés quand M. D... me demanda si je n'avais pas été pour me marier dans Elbeuf? qu'il était arrivé une lettre à la Flèche qui, tout en me montrant comme un honnête homme, doux de caractère, disait confidentiellement que j'étais monomane, puis qu'on lui avait demandé, comme me fréquentant journellement, ce qu'il pensait de moi.

M. D..... est un homme juste et vif; il répliqua à la personne avec indignation : « Je connais M. Le Roy à fond, je vois qu'il est injustement et malicieusement calomnié; c'est infâme, j'y vois là l'esprit des petites villes :

comme M. Le Roy n'a pas beaucoup de fortune et qu'on est jaloux de ses talents, on veut à tout prix les étouffer pour qu'il n'arrive pas à une haute position. »

Je dis à M. D..... qu'on avait bien tort, car je n'eus jamais d'ambition, et que j'avais eu l'occasion diverses fois de le prouver.

Je vis avec douleur qu'on persistait à me poursuivre partout où j'allais avec une méchanceté calculée, puis avec une perversité et une persévérance inouïe et sans exemple.

Quinze jours après, un fabricant d'Elbeuf vint à La Flèche; il dit bien que j'avais eu l'intention de me marier, mais que j'avais été trahi d'une manière indigne.

Après six mois de résidence à La Flèche, j'en suis parti. Bons Flèchois, je conserverai toujours votre aimable et agréable souvenir.

Je suis allé à Tours, ville et pays admirables, le véritable et délicieux jardin de notre belle France, où tout vient en abondance : fruits, blés et grands hommes, paradis anticipé dont nous devons remercier la Providence.

Afin de conserver le précieux souvenir de Tours, je montai au haut de la tour de Saint-Gatien; on reste en extase à l'aspect d'une merveilleuse vue : on considère d'abord la ville, ses belles rues, puis les grosses tours où repose le facétieux Grécourt, qui chanta les amours et les charmes d'un doux et délicieux baiser qui réjouit le cœur, donne santé et gaieté, et dressées en l'honneur de saint Martin, qui donna à la porte d'Amiens moitié de son grand manteau à un pauvre vieillard grelottant et souffrant; âmes charitables, faites-en autant, vous éprouverez du bon temps. Puis on admire avec une lunette d'approche, et avec délices, de jolies promenades et de tous côtés une campagne d'une grande magnificence, ornée çà et là de peupliers qui semblent friser les nues, puis de beaux châteaux sur de ravissants et riants coteaux, puis de jolis jardins surchargés de fleurs et d'arbres fruitiers, et de gentils et verdoyants bosquets et lieux très mystérieux délicieux, jadis habités par des demi-dieux, où l'on peut se dérober aux regards des curieux; puis de serpentants et tournoyants labyrinthes d'où l'on entend s'échapper doux soupirs de plaisir et tendres plaintes des amants, que l'on surprend après avoir passé de si ravissants moments ; puis on voit de précieuses vignes qui entourent, montent, enlacent avec grâce des hêtres, des charmes et des châtaigniers cachant de grosses touffes de rosiers, semblables à ces bonnes mères qui pressent dans leurs bras leurs enfants chéris ; tout près de là, des accacias, des lilas ; à côté de riants villages, dont les clochers sont cachés par d'énormes ormes et des peupliers géants tout près des saules, qui paraissent se prosterner humblement devant eux ; à côté de gentils et ronds pavillons où de vieux garçons vont manger de fins mais gros marrons avec des tourtes, gâteaux ronds comme le soleil, puis comme une montre ; desserts de macarons, de pêches, d'oranges, d'abricots, pommes, poires et melons, le tout rond, et font sauter de ronds bouchons, de rondes bouteilles pleines de vins exquis. Puis écrivent à leurs belles ces petits poulets galants en vers aimables et enchanteurs qu'ils cachètent avec de ronds petits pains verts céladons, pareils à ceux d'Héloïse et d'Abeilard, et à ceux d'Henri IV à la belle Gabrielle; puis trinquent à la santé de leurs douces amies et à celle de l'univers avec leurs ronds verres; puis ils se promènent autour de leurs charmants parterres émaillés de brillantes et odorantes fleurs parfumant l'air le matin, et le soir tombant dans la langueur.

Je me disais au haut de cette tour : Hélas ! il en est de même de notre courte existence, et, si les *méchants* y pensaient, ils deviendraient parfaits comme ceux qui comblent l'humanité de bienfaits; mais l'ambition cause leur affliction : semblables à cette beauté orgueilleuse et fière qui avait hier calculé que ses charmants appas valaient des millions d'or en carats, et qu'elle finirait par enlacer dans ses lacs un beau monsieur riche en ducats à millions comme dix potentats, et que le lendemain on dépose en terre; belles, cessez donc d'être cruelles, la vie n'est pas éternelle, elle passe comme l'éclair et s'éteint ainsi que chan delles et étincelles; le cœur doit vous dire tout bas : Dans nos beaux ans, aimons nos amants; la beauté s'efface, l'âge de glace vient en ternir les fleurs; qu'on a de douleurs quand on pense au temps qu'on a perdu, l'on se désespère et l'on dit adieu au bonheur; l'âge de plaisir a bien vite disparu. J'aperçus avec un délicieux plaisir, sur une tourelle, deux tendres tourterelles sans cesse se donner de doux baisers, et près d'une avenue d'arbres, au pied d'un vert buisson d'épines et de roses, un jeune homme et une jeune dame mollement couchés sur un vert gazon fleuri, comme Iris et Adonis; on eût dit que leur cœur aspirait à passer dans l'objet qu'il aime : ils étaient en face l'un de l'autre en contemplation; sans doute le malin petit dieu d'amour les inspirait, car ils paraissaient les plus fortunés de la terre; la jeune dame mit avec une grâce infinie de belles fleurs sur son sein palpitant agité de tendres pensées, car lorsqu'on aime d'amour et d'amitié, que la vie est charmante, pareille à cette belle Loire que je voyais devant mes yeux traversant ce merveilleux pays. O douleur extrême ! un malencontreux chasseur les fit soudainement fuir de ces lieux témoins de leur bonheur ; il eût préféré voir soit des ortolans, soit un cerf, un chevreuil, une perdrix ou un gentil tout petit loulou ; car c'est la mode à présent, on aime à la folie les charmants petits loulous : une mère a-t-elle sur son sein son cher enfant, elle le caresse avec transport en lui donnant le nom de petit loulou ; Pierre, jeune villageois, voit-il sa belle maîtresse après une longue absence, il lui dit : bonjour, mon petit loulou, je t'attendais, je bondissais d'impatience de te voir. Car la simplicité de ce petit loulou, sa mine piquante, sa candeur gagnent tous les cœurs ; si le chasseur eût vu certain petit loulou, il se fût écrié : Ah ! qu'il est beau ; il eût sonné sur son cor : Rien n'était plus beau que Vénus ou qu'Adèle, rien n'était si beau que le petit loulou, sur l'air : *C'est l'amour, l'amour, qui fait le monde à la ronde.*

De grâce, joli chasseur, si vous le rencontrez, je vous en prie, je vous en supplie, ne le tuez pas ; mettez même genou en terre et respectueusement chapeau bas, comme autrefois devant les illustres princesses des Incas. Ce joli petit loulou a été élevé et instruit non dans une tanière, ni au village, mais bien dans une jolie ville, dans un beau salon; ses bonnes grâces embellissent ses charmes et le rend admirable; aussi, dès qu'on l'aperçoit, on l'aime à la folie.

Enfin je cherchai à distinguer dans le lointain le vieux palais d'Amboise et ses jardins, où l'on mange de si bonnes framboises et d'exquises fraises; où le fameux Ab-del-Kader est relégué. Il fait, dit-on, un cours de philosophie et d'humanité; mais il préférerait faire un voyage de long cours, surtout en Barbarie et en Algérie.

J'ai vu Angers, joli séjour aux belles promenades, puis Sâblé, ville naissante pleine d'activité, renommée par ses carrières de marbre et ses mines d'anthracite. Des hauteurs de Sâblé, on admire un joli paysage qu'arrose la Sarthe; on découvre Solesme et le riant et délicieux village de Juigné et son château, berceau des ancêtres de mon parent, M. de

Juigné, archevêque de Paris, et de ses dignes petits-neveux, qui eurent la bonté de m'écrire des lettres remplies d'amabilité; j'ai appris leur mort avec la plus vive douleur; ce fut une grande perte pour moi et pour les pauvres, qu'ils comblèrent de bienfaits.

J'ai visité Nogent-le-Rotrou et Chartres; puis Versailles, superbe ville où l'on contemple le magnifique palais que Louis XIV fit construire; dans les beaux jardins, on s'arrête et l'on regarde en souriant le ravissant lieu où ce roi surprit cachée la belle de Lavallière, avouant avec enthousiasme à une dame qu'elle trouvait ce monarque le plus bel homme de la cour, et qu'elle l'aimait. Un peu plus loin, derrière des bocages, on admire le mystérieux château de Trianon, où la cour passait de si ravissants moments.

Je suis allé à Paris, cette belle et grande ville, dans le fracas de laquelle je ne suis resté que quinze jours : palais, monuments, églises, places et théâtres, tout y est merveilleux. Dans l'hôtel où j'étais logé, il y avait une riche famille de la province qui s'était exprès éloignée, parce qu'un pauvre sergent en retraite avait inspiré à leur demoiselle de tendres sentiments.

Je les protégeai, enfin ils se marièrent. Enchanté d'avoir contribué à cette belle action, et le lendemain de leurs noces, c'était le 12 février 1847, je me promenais seul dans la rue de Rivoli, j'y étais assourdi par le bruit des carrosses ; je jetai les yeux sous les arcades ; j'y vis des personnes en toilettes admirables, mais, arrivé au bout, j'aperçus avec émotion et douleur une pauvre femme accroupie en haillons déchirés, c'était hélas le malheur, les souffrances, la misère même ! Je m'approche d'elle ; grand Dieu ! elle avait la pâleur de la mort ; il semblait qu'elle allait jeter le dernier soupir ; ses joues étaient livides et décharnées ; c'est à peine si elle avait la force de trembler ; je crus même qu'elle allait expirer. Je lui dis : Pauvre victime, hélas ! vous souffrez ; elle me répondit très faiblement : Ame charitable, ayez pitié de moi ; il y a trois jours que je n'ai mangé, ma seule ressource est de boire de l'eau à la fontaine voisine. Soudain je jette un coup-d'œil sur le beau palais des Tuileries et je me dis : si j'étais riche, que je serais enchanté de pouvoir secourir cette infortunée ! Je lui donnai une pièce de monnaie, regrettant de ne pouvoir lui faire plus, puis elle me fixa avec cet œil langoureux qui attestait ses grandes souffrances, puis sa reconnaissance, sa seule éloquence ; puis elle tomba en défaillance ; je m'empressai de lui faire apporter un potage ; je me trouvai heureux de la voir mieux ; elle me serra la main ; elle me dit que j'étais sa Providence. Un avare d'un certain âge voulut me faire croire que cette malheureuse faisait des grimaces pour gagner la sensibilité des passants et les tromper. Une jeune fille lui dit : Vous êtes un infâme imposteur ! vous insultez aux malheurs de cette femme ! Je crois que l'enfer vous a vomi pour injurier l'innocence et l'indigence !

J'ai vu Sceaux, gentille ville cachée par ses ravissants et coquets parcs, jolis bocages et côteaux du haut desquels on admire Fontenay-aux-Roses et Bourg-la-Reine, riants, parfumants charmants villages.

## Seconde Partie

Peu de jours avant de quitter Paris, j'éprouvai le plaisir d'y rencontrer un ami qui venait de faire le tour du monde ; il y avait observé le plus beau spectacle qui puisse frapper les yeux des hommes.

Il avait d'abord vu l'Europe, puis l'Amérique du Nord et du Sud, puis l'Affrique et l'Océanie, puis l'Asie ; enfin, qu'en Chine, il avait vu Pékin, que cette ville est d'une grandeur immense ; il m'a assuré que les Chinois avaient le plus grand respect pour tout en général ; ce qui atteste le calme et la longue durée de cet empire, qu'on y rencontre partout des fourmilières de monde.

Il admira, à Nankin, la jolie tour de porcelaine.

Il vit Constantinople, capitale de la Turquie, dans une des plus belles positions de l'Univers ; que son port, sur le Bosphore, était le plus beau du monde.

Puis il vit les belles villes de Naples, Rome et Florence ; qu'il avait vu le joli port de San-

Francisco en Californie ; enfin qu'il avait admiré bien d'autres pays, mais que chaque contrée, chaque ville, avaient leur mérite particulier, que dans tout il y avait une diversité infinie.

L'aspect des pays lui fit éprouver mille sensations délicieuses.

Cependant le Japon avait attiré son attention ; il avait remarqué de nombreuses îles entourées d'écueils ; mais à la vue d'une île à peu près ronde et peuplée, il resta ravi d'admiration ; elle renferme une petite mine d'or et a l'agréable aspect d'une végétation toujours riante et merveilleuse ; elle est située à trois cents lieux de Yedo ; mon ami la nomma Rondor par rapport à sa forme presque ronde et à cette petite mine d'or ; elle ne possède qu'une montagne ; elle a la forme d'un pain de sucre ; au pied, on y remarque une jaillissante source d'eau, puis un chemin qui tourne autour jusqu'au sommet, bordé de chaque côté de jolies hayes vives, formant le berceau, entrelacé de vignes, de chèvrefeuilles, de rosiers ét lauriers, procurant d'obscurs, mystérieux et ravissants ombrages.

Au pied de cette montagne on admire, avec la plus délicieuse sensation, une verdure serrée, animée et vive, ornée de fleurs parfumant l'air de leurs douces odeurs. Puis on considère d'immenses et grosses touffes de mousses sur lesquelles viennent se reposer d'abord l'actif ouvrier qui n'aime pas voir un jardin enfermé, préférant même les champs et sa douce et chère liberté ; puis le vieux soldat laboureur qui aime à respirer avec tant de plaisir l'odeur du laurier ; puis de tendres et inséparables époux ; puis l'amant qui soupire après sa belle maîtresse recevant de son bienveillant ami, le philosophe Mentor, des consolations.

On entend, avec ravissement, le doux et réjouit chant des oiseaux.

On remarque, autour de cette côte, de belles grottes semblables à d'élégants appartements.

Du sommet de cette montagne on jouit d'une vue délicieuse ; au pied et autour de cette coline on voit de jolies maisons rondes, jardins ronds, bosquets délicieux et ruisseaux limpides ; au loin on aperçoit la ville d'Orble, chef-lieu de l'île ; puis des hameaux et châteaux et de tous côtés, dans le lointain, l'immense étendue de la mer ; l'âme est ravie à l'aspect de tant de beautés.

Si nos célèbres peintres voyaient cette île, ils s'écrieraient dans un transport d'allégresse, de joie et de surprise : Pays délicieux, tendre et touchante image de l'antique beauté et merveille de la nature !

Jamais, non jamais un ciel si beau n'éclaira l'univers ;

Que cette île est admirable, que ce côteau est vert.

Quel beau tableau ils auraient à peindre, car presque tout y est merveilleux jusqu'aux agréables habitants aux délicieux, réjouits, souriants et ronds minois. Aussi cette île est fréquentée par une infinité de japonais qui y vont passer une partie de la belle saison.

Mon ami me dit qu'on avait le projet d'ériger dans la ville de cette île un monument rond et élevé, en marbre blanc ; il sera orné de 365 colonnes et représentera la grandeur d'âme ; elle sera suportée de la statue de la Vertu couronnée par les Grâces ; elle montrera de la main droite les cieux et de l'autre main elle tiendra un gros livre ; il sera ainsi représenté pour que les hommes pensent à s'instruire.

On lira sur ce monument cette inscription :

*Soyons toujours humains et faisons avec plaisir le bien.*

L'intérieur en sera simple et éclairé d'un grand vitrage rond représentant le soleil. On donnera pour y entrer une pièce de monnaie, équivalente à un sou, au profit des pauvres.

Il s'y tiendra des séances qui seront consacrées aux sciences, à l'agriculture et au commerce.

Celui qui eut la noble pensée de faire élever ce monument resta longtemps ignoré. Pour l'en récompenser, un riche prince japonais, enchanté de cette sublime pensée, lui a déjà remis une somme d'argent qu'il va employer pour faire construire un hospice.

Ce savant est d'un âge mur ; son esprit est si perfectionné, si prodigieux, que mon ami m'a assuré qu'il réunit à lui seul les talents des plus grands hommes en tout genre. Il fit dernièrement un discours sur les beautés de la nature, d'une éloquence si sublime, qu'il excita dans l'auditoire un enthousiasme délirant, puis fut couvert d'applaudissements.

Il possède une si grande dextérité qu'il fait tout ce qu'il veut avec une grâce infinie.

La droiture de son cœur, la vérité, l'innocence est la règle de ses mœurs; l'empire sur ses passions est une gloire qu'on ne peut lui disputer.

Il est d'une affabilité, d'une douceur exquise; il se croirait perdu s'il manquait de respect à quelqu'un ; jamais il n'est colère, aussi tous les jeunes gens suivent avec candeur ses bons exemples; ils n'en sont que plus intéressants et même plus riants de ce sourire aimable qui vient droit du cœur et attire l'estime universelle, résultat de l'excellente éducation qu'ils recoivent, aussi ils sont très aimés. Ils ont cette fierté synonyme de grandeur d'âme, de noblesse dans les sentiments, de grandeur, de courage, non cette fierté qui émane de l'orgueil et couvre d'immenses défauts, comme cette fatuité qu'ont les hommes hautains, arrogants, dures, impertinents, jaloux, moqueurs, n'aimant qu'eux-mêmes, repoussant tout ce qui les approche, avec hauteur, dédain et d'un air superbe.

Tellement aveuglés d'amour-propre et d'un mérite qu'ils n'ont pas et sont loin d'avoir, qu'ils finissent par être inepts et absurdes, sont à charge aux autres et à eux-mêmes; s'ils pouvaient voir dans une glace tous leurs défauts, ils se feraient horreur.

L'illustre savant se nomme Divinor, depuis peu on lui a donné le surnom de Bouche-d'Or, à cause de son génie, de ses talents. Il est natif de Yeogrando, joli village de cette île; son père naquit à Nobyly, ville du pays de Philosophie, et aima une jeune fille de cette ville; mais, la mère de cette demoiselle l'ayant repoussé, il vint à Yeogrando et fut épris de l'extrême beauté d'une jeune orpheline, nommée Cœdile Belwigndor qu'il épousa, et deux ans après, elle mit au monde Divinor; il a une taille dégagée et libre, des manières majestueuses; on voit sur son noble visage l'image de sa belle âme ; ses cheveux sont noirs, ainsi que ses yeux, brillants, pétillants de feu ; on dirait, malgré leur excessive douceur, qu'ils lancent des éclairs ; sa bouche est toujours riante ; enfin, il attire dans cette île tous les regards. Mon ami ne put avoir l'avantage de lui parler que deux heures ; on lui avait tant chanté les louanges des Français et de notre admirable et belle France, qu'il en parla avec cet enthousiasme, ce génie, cette bienveillance, cette affabilité, qui gagnent si bien les cœurs, qu'on le dirait inspiré de la divinité ; mon ami en resta enchanté et ravi d'admiration ; il me dit : il faut voir et entendre cet homme extraordinaire pour le croire.

S'il m'était possible d'obtenir le précieux honneur, de le connaître, je l'engagerais à faire l'éloge d'abord de la terre, du soleil, des grands hommes, tels que : Alexandre, Jules César, Démosthènes, Caton, Cicéron, Alfred Legrand, Bossuet, Frédéric Legrand, l'ami de Voltaire, Newton, Washington, Buffon, Racine, Foy ; ne pas oublier le ravissant Dorat, le divin Demoustiers, Gentil Bernard, le délirant Parny, le sublime de Ségur ; M^{me} de Genlis, la bonne Marie-Thérèse d'Autriche, le délicieux et souriant Delongchamps de Louviers, ses aimables amis Dejoui et Desaugers, tous consacrèrent leurs brillants talents à faire l'éloge du beau sexe; il le mérite à tous égards; on le voit avec un délirant plaisir, sans cesse, porter ses soins délicats, ses millions d'attentîons et combler d'innocentes caresses, de baisers, leurs petits enfants, qu'il mit au monde ; puis, leur inspirent les nobles sentiments de douceur, de vertu ; enfin, le beau sexe sait consoler, donner de l'espoir à l'infortuné, à l'opprimé ; vous le voyez si bien faire aimer, chérir, embellir la vie, qu'il semblerait qu'au ciel il prit naissance.

Surtout que Divinor consacre toute son éloquence à chanter les louanges du grand Napoléon, empereur, de ces vaillants Français, le plus puissant peuple du monde.

S'il était possible de réunir, de grouper, le même jour et au même lieu, tous les grands hommes de l'univers, pour qu'ils tiennent une séance solennelle, qui serait consacrée à cher-

cher les précieux moyens d'assurer, de perpétuer le bonheur de l'humanité entière, je
prierais, je conjurerais Divinor d'avoir l'extrême bonté de venir la présider.

Après, on pourrait suivre ce noble exemple
dans chaque pays et tous les mois.

Que Divinor fasse l'éloge d'abord de mon
parent M. Dejugné, archevêque de Paris, puis
de M. Daligre, le plus riche de France, qui
donnèrent toute leur fortune aux pauvres ;
puis de M. Félix de Fontenay, décédé maire
de Louviers, qui comblait à chaque instant de
bienfaits, l'humanité souffrante. Je fus heureux de trouver l'occasion de lui dire : dieux,
M. Félix, que vous êtes précieux pour les pauvres, que vous avez l'âme grande et généreuse.
Savez-vous qu'on parle sans cesse de vos bonnes œuvres ?

Il me répondit avec cette bonté et cette
douce voix, qui lui attirèrent tant d'amis :
que voulez-vous, mon cher M. Le Roy ; les
pauvres sont nos frères ; lorsque je vois leurs
souffrances, j'en suis ému, affligé : aussi, je

suis enchanté lorsque je trouve l'occasion de les soulager.

Il est probable que Dieu avait besoin de posséder une si belle âme dans le ciel ; car il l'a appelée pour qu'elle y jouisse du repos éternel.

Je disais quelquefois à M. Duvignau : on devrait surnommer M. Félix de Fontenay M. Félix Humain-Legrand.

Je sais avec un ravissant plaisir qu'immensité de personne font le bien ; mais, il faudrait que je puisse me rappeler leur nom pour pouvoir les citer !

On fut longtemps sans être instruit des grands talents de l'âme douce et généreuse, de l'incomparable Divinor. Mon ami apprit dans cette île que quand il était en pension, ses professeurs lui décernèrent toujours les premiers prix. Ses camarades en conçurent une si forte jalousie qu'ils résolurent de cacher soigneusement ses brillantes qualités et le perdre par le ridicule qu'ils propagèrent avec ardeur, et adresse contre lui dans le pays où il demeurait. En conséquence, ils eurent la hardiesse, tout jeunes qu'ils étaient, de faire la cour aux grands pour les tromper sur le compte de Divinor. Un jeune homme riche, sot et niais, mais malin, surnommé le grand Johyrios, se mit à la tête de ces mauvais plaisants, et tout en contrefaisant le naïf, le bon et l'idiot, il savait aisément en imposer aux personnes crédules. Ces perfidies contre Divinor eurent longtemps du succès. On voyait avec lui des gens soudoyés, qui se donnaient le triste plaisir de le montrer avec ironie, lorsqu'il passait, en disant : voilà l'homme ; chacun tombait sous le piége.

Les fabricants de fausses nouvelles qui aiment à rire, augmentaient encore le mal, et disaient partout de lui l'opposé de ce qu'il était.

Le savaient-ils vertueux, ils le faisaient passer pour immoral, même criminel ; le savaient-ils doux et humain, ils le faisaient passer pour dur et avare ; le savaient-ils rempli de gaîté, ils le faisaient passer pour sombre, misanthrope ; le savaient-ils rempli de génie, ils le faisaient passer pour fou ; aussi, quand il passait dans les rues, on ne cessait de le montrer au doigt avec des rires d'ironies ; puis, on le saluait de même, en le comblant, lorsqu'on lui parlait, de faux compliments d'estime et d'admiration ; c'étaient de ces politesses de vautours qui paraissaient lui sourire au moment qu'ils le déchiraient ; puis, ils trépignaient d'une joie forcenée en l'insultant ; quelquefois, on lui jetait des pierres.

Ces ennemis se pénétraient bien que les plus grands chagrins d'un cœur fier et énivré d'amour pour la gloire étaient le mépris et l'opprobre, et qu'il n'y avait pour Divinor de pire tourment que celui d'être insulté, haï et détesté ; ils voulaient donc le mettre mal à son aise, et lui arracher des plaintes et lui faire boire le fiel jusqu'à la lie.

Une jeune demoiselle douée d'un cœur sensible voulut prendre le parti de Diviinor ; elle fut tellement injuriée qu'elle en mourut de chagrin.

Enfin, la vérité, fille du ciel, devait se faire voir au grand jour ! Divinor devait donc sortir victorieux, triomphant. Une infinité d'hommes de bien, peinés des infâmes machinations qu'on tramait sans cesse contre lui, s'intéressèrent à son sort, et sachant qu'il ne soupirait, ni pour les trésors, ni pour la grandeur, voulurent qu'il sorte de l'abîme, où ces hommes perfides l'avaient précipité.

Semblable au soleil paraissant plus brillant, plus éblouissant que jamais au sortir de l'orage.

Une personne respectable daigna l'inviter à dîner. Divinor eut un langage si noble, qu'elle le prit sous sa protection; des hommes instruits, qui assistaient au festin, reconnurent avec admiration ses grands talents.

Ce fut même ce soir qu'il eut l'heureuse pensée de proposer de faire ériger un monument en l'honneur de la grandeur d'âme; tout le monde en resta émerveillé et l'approuva avec chaleur. Je connais une personne calomniée, comme Divinor. Si elle eût eu cette noble pensée, on lui eût rit au nez.

On reconnut avec joie que la nature l'avait comblé de tous les dons. Je suis porté à croire que s'il y avait quelque chose sur cette terre de plus sacré que la vertu, l'humanité et la douceur, certainement Dieu l'en aurait comblé. Aussi les plus hautes places qu'on lui accorda depuis dans cette île furent-elles au-dessous de sa grande âme.

Les ennemis de Divinor furent consternés du véritable intérêt qu'on lui portait : c'était une tache qui les flétrissait et les déshonorait.

On reconnut leur perfide adresse à vouloir encore en imposer; mais on finit par les plaisanter. Leur amour-propre fut excessivement blessé de ne pouvoir le perdre pour toujours, et d'être ainsi dévoilés; car quand on a dit du mal de quelqu'un honnête, souvent on ne veut pas se rétracter; on préfère souvent le laisser dans le néant.

La plus belle des vertus, celle qui demande plus de grandeur d'âme, fut d'accorder le pardon des injures et l'amour de ses ennemis. Celui qui pardonne prouve qu'il est doué de générosité, de bonté, d'humanité et de noblesse de cœur. C'est la plus belle.

En pensant à Divinor, on se dit combien de

gens sages et humains succombent par le ridicule, et sont insultés, calomniés et oubliés !
C'est un malheur pour la société, car ils auraient pu rendre de grands services à la patrie.

Pareils à ces ravissants jardins remplis de
fruits exquis et de fleurs les plus belles, puis
à ces merveilleux salons ornés de meubles
somptueux, qui sont livrés à la dévastation et
au pillage, n'avons-nous pas vu, le 19 août
1845, le cœur navré de douleur, l'affreux ouragan de Monville culbutant trois filatures et
ensevelissant sous ses tristes décombres deux
cents victimes !!!

Je pense que cette trombe a dû être, comme
je l'ai déjà observé, composée de nuages fort
épais, mêlés de tonnerre, comprimés par des
vents contraires qui l'auront fait violemment
et rapidement tourbillonner et culbuter tout
ce qui se trouvait sur son passage. Enfin,
comme Devinor, combien de victimes semblables, pour mon propre compte et sans motif, que celui du fléau de la jalousie : je me vois
insulté, calomnié, ridiculisé, lapidé. Comme
je l'ai déjà dit, j'ai toujours chéri la littéra-

ture. Voyant, mais d'un œil de pitié, que des hommes perfides persistent à me persécuter, je n'ai donc pu résister à la passion que j'ai toujours conservée de composer des ouvrages.

Déjà des personnages les plus illustres ont daigné m'écrire qu'ils me portent, et à mes œuvres, le plus grand intérêt; c'est une bien douce consolation pour moi et un bonheur : c'est ainsi que je l'entends, car il vient rarement de la fortune; on doit le comprendre dans mes écrits. Aussi je me dis toujours : nous courons sans cesse après la félicité, et, à peine désabusés par la possession d'une chose qui frappe nos sens et du bonheur que nous croyons y attendre, un nouveau désir nous pousse toujours dans la même illusion, et, passant continuellement de l'espoir du bonheur à la répugnance, et de la répugnance à l'espérance, tout ce qui nous inspire notre erreur devient lui-même l'appât qui n'a aucune fin. Enfin je pense que le vrai bonheur est placé plus haut que nous; car on a toujours vu que plus on s'élève, plus il paraît fuir de nous ; et l'on remarque sans cesse que les caprices, les noirs chagrins, sont le partage des riches, des grands, et même la couronne et les lauriers qui ornent le front des monarques sont souvent armés de pointes.

Mais on voit, avec un délicieux plaisir, l'innocence de la joie et de la sérénité régner chez les pauvres : j'ai été à même de l'apprécier. J'ai vu des ouvriers gais comme des pinçons, en chantant comme des rossignols, en travaillant en plein air, même dans les plus fortes gelées de l'hiver.

Enfin, j'entends dire que la source de la félicité ici-bas vient de la bonne harmonie, de la douceur, de l'affabilité, de l'humanité, de la vertu, qui nous procurent les joies du paradis.

Je suis de l'avis de mon parent M. de Juigné, qui n'était heureux qu'avec ses pauvres ; puis son contentement redoublait lorsqu'il les comblait de bienfaits.

Pour décrire en ces mémoires toutes les impressions que j'ai reçues, pour aider mon imagination, je serais enchanté d'avoir pu lire les admirables écrits de Divinor ; je les eusse, comme ceux de Voltaire, qui eut dû vivre deux siècles, je les eusse dévorés avec délice ; mais, hélas ! il est mort ; que dis-je ? il est immortel comm notre divin père éternel.

Pour revenir à Divinor, chacun a sa destinée : l'homme s'agite et Dieu le conduit. Qui eût pensé que Jean-Jacques Rousseau, malgré la protection de l'illustre Montmorency-Luxembourg, fut proscrit et insulté partout où il s'arrêtait, mais qu'après sa mort on proclamerait son nom dans l'univers, et qu'il remuerait la société tout entière ?

Qui eût pensé que l'infortuné Dumon d'Urville, après avoir fait le tour du monde, périrait près de Versailles d'une manière si funeste ?

Qui eût pensé que Napoléon, né dans une île française, fût parvenu à la dignité d'empereur, et qu'après avoir conquis l'Europe, serait détrôné et serait allé mourir sur un rocher dans une île anglaise ?

L'histoire nous fait voir avec douleur cette longue suite de malheurs dont les Stuart furent accablés pendant plusieurs siècles. Je ne citerai que Charles Ier et Marie Stuart, décapités ; puis Charles-Édouard, après la bataille de Culoden, errant sur mer et sur terre et ne pouvant trouver aucun asile.

Les uns périssent, les autres prospèrent : nous ne pouvons lutter contre une puissance plus forte que nous.

En voici deux exemples : mon ami me donna des détails de vive voix de deux mariages remarquables qu'il vit dans une petite ville du Brésil. Il admira avec un ravissant plaisir deux jeunes mariés d'une grande beauté, transportés de bonheur, se diriger avec allégresse devant le saint autel, et prononcer, au son d'une musique mélodieuse, avec une joie et une gaieté qui tenaient du délire, ce joli, ravissant et délicieux petit *oui !* si admirable, si précieux à leurs tendres cœurs.

Leur grand attachement les mit dans un ravissement extrême, dans un bonheur suprême ; car quand on s'aime, dans ces moments charmants, on n'est pas maître de ses sens ; ils crurent même être bénis par le Tout-Puissant ; ils s'écrièrent tout haut : Ah ! que c'est ravissant.

Oh ! surprise extrême ; ils s'embrassèrent à l'église devant le Seigneur ! Le prêtre sourit et dit : « Vous êtes très excusables, mes chers frères, surtout dans ces beaux moments. » Puis il les bénit.

Dans ces climats brûlants, on remarque quelquefois ces scènes pathétiques ; mais rarement dans les personnes étiques.

Les habillements de la mariée étaient resplendissants de blancheur ; ils rehaussaient, dans cette admirable solennité, son incomparable beauté ; puis sa pudeur fut extrême. Le respect dû au saint lieu comprima les applaudissements des assistants de cette scène si belle, si merveilleuse, si attendrissante, si touchante ; mais à la sortie de l'église, l'enthousiasme éclata avec transport.

Huit jours après, et par un temps déplorable, on vit avec la plus grande douleur, dans le temple du Seigneur, une toute jeune mariée très blonde, aux grands yeux, l'un noir et l'autre bleu, ce qui arrive quelquefois : il y a tant de diversité dans la nature ; elle s'efforçait, en baissant la tête sur sa poitrine, de

comprimer, d'étouffer ses sanglots, ses chagrins, ses douleurs; puis versa des torrents
de larmes sur son sein agité, en prononçant, de
bouche, tremblante d'émotion et d'hésitation ce
triste *oui*, si fatal, que son cœur repoussait avec
tant d'indignation; il disait intérieurement:
non, non, grand Dieu! que vous ai-je fait. Ciel,
hélas! me voilà sacrifiée et unie pour la vie!
Elle dit : j'étouffe; puis elle fit un cri perçant
qui retentit jusque dans la rue. Tout était
consommé. Des masses de monde entrèrent
dans l'église pour savoir ce qui se passait.
Dans ce terrible moment un grand coup de
tonnerre se fit entendre. L'église trembla; les
vitrages tombèrent : tout le monde était consterné. La mariée chancela et devint pâle
comme une morte. Les spectateurs crurent
que l'église allait crouler : car on sait que dans
le Brésil les orages sont affreux et bien plus
considérables qu'en France. On crut que la
mariée allait se trouver mal.

Le jeune marié, qui était un nègre, resta
stupéfait et immobile comme une statue de
marbre!

Après que l'orage eût cessé, la noce partit à la résidence du mari à un quart de lieue de la ville ; grand château sur le toit duquel il y a un jardin rempli de fleurs. Les parents de cette jeune personne la forcèrent de prendre pour époux ce jeune nègre, parce qu'il était fort riche ; il était tout petit de taille, aux cheveux noirs, crépus, aux yeux vifs, ayant des manières distinguées, malheureusement elle en adorait un autre qui était profondément gravé dans son cœur et qui eût fait son bonheur ; ce mariage parut être des funérailles, tristes épousailles !

Arrivée chez son mari, elle tomba évanouie, tout le monde la crût morte.

Les conviés attérés, désolés de cette lamentable scène, s'empressèrent de prodiguer à cette nouvelle Lucie brésilienne, les plus grands soins, et essayèrent par tous les moyens en leur pouvoir de la faire revenir, puis de la consoler, deux heures après et pour comble de malheur et au moment où elle ouvrit les yeux, elle aperçut avec une excessive surprise, avec effroi et indignation un mulâtre

aux yeux de reptile, qui avait osé se présen-
ter sans pudeur, à cette triste noce sur l'in-
vitation d'un parent du marié. Elle s'adressa
à lui, fit fermer les portes, et les yeux rouges
baignés de larmes et toute sanglotante, elle lui
dit avec tristesse, calme et dignité, et malgré
qu'elle n'avait que quinze ans, elle eut assez
de courage pour se recueillir et prononcer ces
paroles : « Vous ici, monsieur, cela me sur-
» prend beaucoup, apprenez que j'ai cédé par
» respect pour mes parents, à prendre pour
» époux un nègre que j'estime ; je ferai tout
» ce qui sera en mon pouvoir pour le rendre
» heureux. Depuis mon enfance, vous le sa-
» vez, j'aime un jeune homme d'origine comme
» moi allemande ; orpheline, ayant perdu mes
» père et mère fort jeune, je dus céder aux
» volontés, aux exigeances de ma riche tante
» brésilienne dont je suis l'héritière. Cepen-
» dant je fondais l'espoir de mon bonheur
» dans votre protection, vous me l'aviez pro-
» mise sur l'honneur, mais au lieu d'être sen-
» sible à mon inclination, au contraire, et
» pour plaire à ma tante, hélas ! vous avez

» trahi et calomnié celui que j'adore, de plus,
» vous l'avez perdu dans l'opinion publique,
» qui reçoit trop souvent l'impression qu'on
» lui communique et qui est un juge très
» sévère.

» Au lieu d'honorer le talent de mon amant,
» vous en avez eu une secrète et dévorante ja-
» lousie. Vous avez, aux yeux de ma tante, eu
» la perfide adresse de le tourner en ridicule.
» Vous redoutiez donc, parce qu'il est ver-
» tueux, que nous arrivions à la félicité, car
» une bonne action dans votre cœur est en
» horreur; vous avez même peur que sa ca-
» pacité, son mérite soient mis à leur place.
» Je vous comprends, homme perfide, c'est
» précisément parce que vous savez qu'avec
» du génie et du pouvoir, on peut faire de
» grandes choses, que vous n'avez pas voulu
» que mon amant arrive au comble de la fé-
» licité.

» Tout à l'heure, dans le temple du Sei-
» gneur, j'ai surpris avec indignation sur vo-
» tre ignoble figure, ce rire, cette joie féroce
» du déplorable triomphe que vous rempor-

» tiez sur l'innocence et sur la vertu. Sem-
» blable au tigre sur sa proie, vous savouriez
» à longs traits cette funeste satisfaction ! heu-
» reusement rare dans les annales des amours.
» Le savant Lavater eût signalé sur votre vi-
» sage votre infâme caractère. On dira par-
» tout, que vous avez brisé le bonheur de
» deux êtres qui s'adorent et que vous avez
» livrés aux horreurs du malheur; enfin, vous
» avez fait périr nos espérances.

» Douces illusions, vous êtes anéanties pour
» toujours. Trois ans d'affections les plus sin-
» cères, les plus tendres, les plus sacrées,
» doivent être à jamais rompues, voilà, mon-
» sieur votre ouvrage, cela ne me surprend
» point, car l'or à vos yeux a bien plus de prix
» et de puissance que l'honneur, les douces
» affections et la naissance. A présent que
» vous connaissez toutes mes pensées, ne pa-
» raissez jamais devant mes yeux, je ne veux
» de vous ni excuse, ni courbettes, ni basses
» flatteries, sortez d'ici pour toujours, car vo-
» tre exécrable présence m'est odieuse, elle
» nâvre, déchire, glace, fait frémir, et mou-

» rir de mille douleurs mon cœur. »

Puis elle s'inclina respectueusement devant la société émue d'indignation, maudissant et regardant avec mépris ce personnage.

On remarqua que le jeune nègre jeta sur cet homme un regard foudroyant. L'amant de cette jeune personne fit peu de temps après un mariage de raison. Le lendemain que mon ami m'eût fait ce récit, nous allâmes nous promener avec M. Partitio, dans le joli Saint-Denis, puis à Montmorency, où il y a de si bonnes cerises qu'on dévore avec friandises; petite ville sur le penchant d'une colline qui domine une belle plaine, derrière Montmorency on voit les jolis bosquets où est bâti l'Ermitage, délicieuse retraite de J.-J. Rousseau et de Grétry, il nous dit que Jean-Jacques et l'ingénieux Francklin, l'américain, aimaient beaucoup Plutarque. Au nom de Francklin, je me rappellai un unique événement qui m'est arrivé en été à l'âge de douze ans. Je lançai en l'air un cerf-volant sur la côte Saint-Lubin, près Louviers; j'avais une grande quantité de ficelle, je ne l'eus pas plutôt lâchée, qu'un orage épouvantable vint me surprendre ; les nuages enveloppèrent mon cerf-volant qui me tirait considérablement, je ne le voyais plus, cinq minutes après il tomba mouillé et rempli de petits trous noirs, on eût dit qu'ils étaient produits par des étincelles.

Quelque temps plus tard, après avoir lu, je me persuadai que le milieu d'un nuage épais, où le tonnerre gronde, devait être rempli de matières combustibles formées par les nuages ; la vapeur puis l'ardeur du soleil devaient nécessairement produire le tonnerre et les éclairs ; j'en parlai à mon père qui était de mon avis.

Je résumai donc l'identité de l'électricité et de la foudre. Du reste, on sait qu'il arriva à Francklin un événement à peu près semblable. On dit que saint Lubin, qui a donné le nom à cette côte, a dormi pendant vingt ans dans un gros buisson tout près du lieu où j'étais avec mon cerf-volant, il eût été à désirer que ce buisson eût encore existé, je n'aurais sans doute pas reçu les torrents d'eau qui tombèrent sur moi ce jour-là. Dans ce temps on chantait : *Ah! ah! la papa, à la papa, à la papa*. Mon père inquiet vint me rejoindre et me trouva tout mouillé de larmes d'eau du ciel.

Sachant que M. Partitio raffollait des opéras, je lui confiai que mon parent, M. Rotrou de Dreux, m'avait assuré, en septembre 1814, que le grand Corneille avait aimé une belle laitière; pour m'en donner la preuve, il me fit voir une lettre de Corneille adressée à Rotrou, son bisaïeul, datée de la chaumière de cette jeune villageoise. Je donnai donc l'idée à M. Partitio de composer un opéra sur ce leger sujet. Il a pour titre : *la Belle Laitière dans sa chaumière ;* mais il ne le fait représenter qu'en société, il ne nous récita de cet opéra que ces vers que j'ai composés :

> Belle laitière, même dans le ciel le grand Corneille,
> Vous adore, vous admire comme une merveille ;
> Puis il chante dans un sublime cantique,
> Que vous êtes sublime et magnifique.

Enfin, mon intrépide voyageur me raconta que dans l'île Java, en Océanie, il avait rencontré M. J. M***, ancien fabricant à Louviers ; c'est de toute vérité. Puis était allé dans le royaume de Bentam, dans cette île, près de Batavia ; que ce royaume, quoique sous l'influence de la Hollande, est gouverné et administré par les femmes, les princes sont obligés d'obéir à la volonté des reines qui y dominent depuis des siècles. Les jeunes filles ou guerrières sont habillées en amazones et forment la petite armée de ce pays. Le palais est gardé par les femmes qui vont à cheval comme les hommes. Leurs armes sont de petites piques et mousquets. La capitale est située dans une belle plaine couverte d'arbres ; ses habitants sont très doux et font un bon accueil aux Français. Enfin mon ami me fit le plus grand éloge du merveilleux palais de l'Allambra en Espagne, puis je le quittai.

De Paris je suis allé à Saint-Germain-en-Laye, sur un joli côteau du haut duquel on découvre une campagne d'un grande beauté. Le lendemain de mon arrivée je vis une tante et une nièce assises sur un des bancs de la belle allée d'arbres à côté du château, cette nièce attira mes regards par sa charmante et ravissante beauté, son délicieux, riant et n-o ble minois rempli de pudeur, de candeur, ses beaux yeux bleus, son nez aquilin, son air doux, agréable et enjoué respirait l'affabilité, la probité, la franchise et la bonté ; ses migno-nes mains, ses gentils longs ronds doigts fins, son délicat tout petit pied douillet, semblable à celui de la sage petite et honnête Cendril-lon, puis à celui de la divinité, enfin elle avait une taille de nymphe.

J'éprouvai le plus ravissant plaisir d'enten-dre à merveille leur délicieuse conversation et avec une agréable surprise, la voici :

« Il y a longtemps, chère Lupuso, que vous avez eu le malheur de perdre votre cher père, comme lui vous avez l'âme bonne, mais si vous désiriez plaire à votre petite mère, pen-sez, je vous prie, à vous marier ? — Elle ré-pondit à sa tante, le sourire sur les lèvres et d'un air infiniment aimable, vous avez de-vancé mes souhaits, ma chère petite tante, je serais ravie, enchantée, d'être agréable à ma petite mère dans tout ce qu'elle désirera. — Cependant, ma nièce, hier ma sœur, votre tante Aurore, me disait que vous n'aimiez pas. Non, non, ma nièce, vous n'aimez pas. — Ma tante Isabelle, vous vous trompez beaucoup, car j'aime et j'adore. — Mademoiselle, que dites-vous? je n'aurais jamais cru cela, vous me surprenez; vous eussiez dû me prévénir; vous savez qu'une jeune personne ne doit rien cacher à ses parents et qu'elle risque de se compromettre. — Ma chère tante, rassurez-vous, car je l'aime comme le chérissait mon petit père. — Ma nièce, qu'osez-vous donc aimer? quel est l'heureux mortel qui aura le bonheur de posséder votre adorable personne? — Ma tante, je le dirai à mon excellent petit oncle Magloire Réjoui du Beaujour, qui me nomme sans cesse son petit Loulou, sa petite Lupuso. Décidément ce nom de Loulou fera fureur et restera désormais à la mode. Cependant Rose-d'Amour prenait la fuite quand elle en voyait un; mais ce nom semble doux à mon oncle, même charmant, délicieux; pour moi, il me ravit, il veut dire tout bien, tout honneur : je t'aime, je t'adore, mon petit Lou lou.

Sa tante, souriant d'un air aimable et baissant la voix, lui dit d'une manière tendre et en la cajolant doucement : — Ma chère enfant, mon bijou chéri, penseriez-vous à M. Richedor, ce gros négociant? — Non, non, je ne suis pas si ambitieuse. — Mais ne serait-ce pas ce jeune éventé, véritable intrigant, papillon, étourneau, damoiseau, exalté, loin d'être agréable est insoutenable, n'aimant rien, ayant tout en horreur, osant même critiquer les personnes du plus grand mérite; bel esprit! — Je le surprends sans cesse à conter des histoires et chanter à cette bonne petite Victoire : *Mademoiselle Grégoire, Tu n'auras pas ma rose, Mon petit Sansonnet* sur l'air de *Pomme de reine et Pomme d'apis* et quelquefois sur celui : *Nous n'avons qu'un temps à vivre, amis passons-le gaiement.* — Certainement ma nièce, vous ne pensez pas à lui. — Non, non, ma petite tante, soyez tranquille, celui auquel je pense possède, non pas les mines d'or de la Californie, mais une mine encore plus précieuse, puisqu'elle annonce la douceur, les talents et l'humanité; c'est un vrai divinor bouche d'or! — Je réfléchis, chère Lupuso; je vous vois parfois regarder en tapinois ce charmant petit monsieur qui porte l'épée avec cette aisance, cette dextérité et ces manières aisées qu'ont les grands guerriers couverts de lauriers; on l'admire, mon petit Loulou, avec infiniment de plaisir et plus que les autres officiers de carabiniers à cette brillante société de la rue de Louviers dans Saint-Germain. » Comme je suis de Louviers et que j'entendais prononcer Louviers et Saint-Germain, je crus que ces dames me connaissaient. Du reste, nous nous fixâmes.

J'étais heureux, plein de bonheur dans mon illusion; car, à mes yeux, les dames sont si belles, si aimables, si bonnes, que je les considère comme la divinité et le ciel; voilà pourquoi je les ai toujours respectées, adorées. J'en fus ravi de joie. J'osai donc les saluer humblement et leur demandai si elles avaient l'avantage de connaître Saint-Germain de Louviers, puis la délicieuse société qui s'y réunit tous les étés. Mme Isabelle me répondit :

— Monsieur, je ne connais pas Louviers ; néanmoins, on m'a parlé de ses beaux draps fins si renommés par toute la terre ; mais je n'ai pas l'honneur de connaître la société de Saint-Germain de Louviers ; toutefois, M. Dejoui, l'auteur de *l'Hermite en province*, l'ami de mon mari, me fit un jour la confidence qu'il allait souvent et avec plaisir visiter un aimable ami, M. Delonchamps, de Louviers, spirituel auteur de charmants opéras et d'agréables et ravissantes poésies, que sa maison de Louviers était une merveille et semblable à un palais enchanté.

Dans notre conversation, j'eus l'occasion de lui dire que j'étais de Louviers. Elle m'engagea de lui donner la description seulement de cette habitation et des lieux voisins. Je m'empressai de la satisfaire. Je lui dis que cette habitation était au milieu d'un jardin enchanteur planté, du côté du quai, d'une bande de rosiers bengale et devant une petite pelouse verte serrée, puis, sur les côtés, de grands arbres et peupliers plus hauts que des clochers, procurant de frais ombrages ; puis de jolis petits chemins bordés de fleurs, de suaves odeurs répandant, embaumant les salons; aussi, en y entrant, on se dit intérieurement : on sent le parfum à foison ici, on se croit vraiment en paradis, on doit regretter ces lieux délicieux, merveilleux plus que le beau Paris. A l'est, on découvre de jolis canaux, puis des ruisseaux, puis des cascades et jets d'eau formant des filets argentés, puis des milliers de blanches perles fort belles qui se précipitent au fond de l'onde; dessus on admire de très beaux cygnes blancs, se promenant majestueusement, fendant l'eau comme un très léger bateau, et saint Pierre à pied sur la mer,

Quelquefois, sur de petites nacelles, de jolis messieurs et de belles demoiselles s'adressent au mieux et à ravir tantôt des cygnes blancs, après de gentils signes d'amitié, de réconciliation et d'affection. On voit aussi de petits plongeons plongeant comme ces petites sirènes qui sautèrent et replongèrent de joie, enchantées des doux sons de la flûte et de la lyre, semblables à ces petits canards, puis aux poissons qui font des bonds jusqu'au fond de l'Eure, surtout en avril, où le poisson se réjouit, comme dans l'air les gazouillantes fauvettes et alouettes.

Les bords ravissants de l'Eure sont bordés de longs jardins plus beaux que ceux des Romains, plantés d'arbres fruitiers, de saules, de jasmins, et de grands peupliers hauts comme la glorieuse colonne Vendôme et comme le dôme doré des Invalides, où repose le grand Napoléon et d'autres illustres guerriers, la gloire de la France. Ces arbres se mirent dans l'Eure et triplent leur hauteur, ce qui rend plus merveilleux l'incomparable magnificence de ces heureux lieux. Semblables à ces beautés divines, se mirant devant des glaces dans un bal et multipliant leurs charmes, leurs grâces et leur beauté pour captiver, faire les conquêtes de mille cœurs, les enchaîner! Elles sont bien préférables à celles qu'on obtient à coups de canon, parce qu'on tue du monde à foison, dit M<sup>me</sup> l'Humanité, mère du vieux père Philosophe, tous nés dans le joli pays des Sages, dans une contrée qu'on nomme Bienbonne-Trèsbelle et qui est d'une magnificence extraordinaire. Au fond de ces jardins, d'élégantes manufactures de draps fins, doux et soyeux ; plus loin, les gros monts de la Villette, ornés de charmants bocages que l'aurore vient dorer, embellir encore, et qu'adorait l'aimable princesse Éléonore. Au midi, de jolis jardins et maisons cachés par d'énormes peupliers qui font un vacarme épouvantable quand ils sont agités, semblables aux révolutions et aux démons ; puis on admire les belles avenues de Crosne et du Sud et les belles places de la Liberté, où l'on considère les promeneurs : les uns espèrent et les autres jouissent à longs traits du délicieux plaisir, du bonheur si court sur cette terre. Au couchant, le faubourg de Rouen, au travers duquel l'œil cherche à distinguer l'agréable vue des Bosquets du Deffends, côteaux charmants où les bien-aimés aspirent, désirent et obtiennent de leurs parents le plaisir d'aller se promener, puis de savourer délicieusement, de respirer l'air embaumé, suave de ces lieux ravissants, merveilleux, où leurs tendres soupirs sont mille fois étouffés de plaisir. Quelle délirante allégresse! j'allais dire scélératesse, excusez, madame, de mon air engoué, galant et leste.

Au nord, le faubourg Saint-Germain, où l'on mange d'exquis raisin; puis ses manufactures et ses ravissants jardins, lieux délicieux où la nature étale ses pompes et prodigue ses trésors.

Ce fut, madame, dans ce merveilleux Éden où ce célèbre auteur recevait avec un sourire exquis et aimable les personnages les plus illustres qui le comblèrent de cette amitié si pure, si sacrée, si sainte, et l'un des plus grands trésors de la vie. C'était vraiment une petite cour, où les soucis, les chagrins, étaient bannis par les plus grands philosophes, où les fêtes, les plaisirs, la joie et la gaieté régnaient mieux que du temps ténébreux des Gaulois, où ces lieux étaient tristes, fangeux et marécageux.

Cependant les délicieux moments de cet excellent poète étaient quelquefois traversés par les douleurs que lui causait la goutte, ce qui prouve qn'il n'y a pas de plaisirs sans peines.

Cette dame eut la bonté de me remercier de mon récit et me demanda si j'étais pour longtemps à Saint-Germain. Je lui répondis que je n'y étais que pour deux jours, que j'aurais été enchanté d'y rester pour toujours. Puis elle me dit : — Si vous venez d'entendre prononcer le nom de société, rue de Louviers, la rue de Louviers est près d'ici, dans Saint-Germain-en-Laye. Enfin nous cessâmes de nous parler.

Je me retirai pour m'asseoir sur un banc d'ébène voisin de celui où elles étaient et que la reine Anne avait fait poser pour s'y asseoir et se délasser.

Peu d'instants après, elles continuèrent leur conversation entre elles et toujours assez haut pour que je puisse les entendre. « — Je parlais, dit M^me Isabelle, de cet officier beau à croquer et si distingué qui est admis à cette brillante société de la rue de Louviers ; savez-vous, ma nièce, qu'il fit, comme saint Louis, le beau voyage de Jérusalem ? A la vue de cette cité, son cœur palpita de félicité ; il s'est découvert, a mis le genou en terre, et s'est prosterné respectueusement, adorant en silence l'Être-Suprême, divin auteur de notre existence. Ce jeune homme est si sage, si prudent, qu'il n'a pas la folle passion d'aller en Icarie ; enfin il a visité les jardins, non de la Chine, où on admire entassées avec profusion des merveilles, mais bien celui des Plantes, à Paris. Comme votre cousin Charles, il porte avec noblesse, non le bâton de maréchal de France, cela viendra, mais bien sa petite canne à la main, avec cette distinction, cet aplomb qu'ont les gens du bon ton, semblable aux Bayard, aux Coligny, aux Jean-Bart, puis pareil à ce séduisant petit muguet qui, dernièrement, prit gaillardement le singulier costume de ce petit drôle de César des *Rendez-vous bourgeois*, opéra fort gai et grivois qu'on a joué plus de cent mille fois. Enfin, ce jeune homme est si aimable qu'il dit du bien de tout le monde. Il a tant d'estime pour le beau sexe, qu'il disait à une dame ces jours-ci sur cette promenade : Ma charmante maîtresse a tant de beauté, tant de sagesse, que je la préfère aux grandeurs, aux princesses, à la richesse ; puis il nous parle souvent avec enthousiasme du *Mérite des Femmes* du charmant Gabriel Legouvé. Qu'en dites-vous ? — Ma tante, je n'y pense aucunement ; j'estime les guerriers, mais, voyez-vous, je suis philosophe et sensible : je n'aime pas les combats. Je crois, ma chère nièce, avoir deviné votre pensée ; car je me persuade que vous avez une douce et respectueuse inclination pour ce bon garçon, noble de cœur et rempli de perfection, M. Francesco ; lorsque vous vous apercevez soudain tous deux, vous éprouvez un trouble, une émotion extrême, vous rougissez au mieux, même d'une merveilleuse pudeur ; puis vous posez tout doucement, avec candeur et grâce, votre voile devant vos doux yeux bleus, puis les baissez et les levez d'une manière tendre et admirable, vers les cieux qu'on dirait que vous désireriez y monter avec lui pour faire une visite à votre bon petit père ; puis vous le regardez avec un sourire exquis, délicieux, délicat, même inexprimable.

Ah ! ma nièce, dans ces fortunés et ravissants moments, vous éprouvez de nobles et tendres sentiments, même des torrents de bonheur, qui font battre, agiter et réjouir votre sensible cœur. Je reconnais avec infiniment de plaisir que Dieu vous a douée d'un caractère excellent, doux, prévenant, aimable, affable ; il vous protégera, vous bénira avec l'eau sainte du ciel. Eh bien ! ma chère enfant, je vous en conjure, avouez-moi donc : n'aimez-vous pas ce bon Francesco ? — Ma bonne tante Isabelle, que vous êtes grande, je suis excessivement confuse de tout ce que vous me dites d'aimable, de bienveillant ; vous exigez donc connaître toutes mes pensées ? Eh bien ! j'aime et j'adore trois nobles, sublimes et douces personnes ! — Ah ! ma nièce, que dites-vous ? Voudriez-vous, nouvelle Diane, comme on le dit, chasser trois lièvres pour n'en obtenir aucun ? Ce serait une folie, surtout pour une demoiselle : on vous surnommerait Papillon d'Éole ; bannissez ces pensées ! Ne serait-ce pas ce bon père, qui est veuf, puis son fils et son neveu, nos charmants compatriotes, dont on vante tant le génie, tous trois hommes parfaits? je m'y perds. Enfin, ma nièce, nommez-les-moi. — Il est juste, ma tante, de ne vous rien cacher; je me flatte que vous serez satisfaite de moi. Eh bien! je vous déclare sincèrement, et la main sur mon cœur, que j'aime, que j'adore, que je chéris les *pauvres*, la *vertu* et la *sagesse;* voilà, ma bien bonne petite tante, mes bien aimés *aspirants*!!! » Comme il ne se trouvait personne dans ce moment que nous trois assis sur cette promenade, cette tante était tant émue qu'elle ne fit point attention à moi; elle laissa éclater toute son admiration pour sa nièce et s'écria : « Tu adores les *pauvres*, la *vertu*, la *sagesse;* ces nobles sentiments me mettent dans de délicieux, palpitants, ravissants et inexprimables enchantements : ils me transportent encore plus haut que les cieux, où sont les bienheureux, car ils s'éclipsent pour me faire admirer le merveilleux trône de Dieu. Venez, venez dans mes bras, mon adorable petit Lou lou, divin et inappréciable trésor, vous êtes douée des nobles sentiments de votre bien aimé père; que je serais heureuse de le voir ici pour qu'il puisse vous entendre, car sa présence triplerait mon bonheur; sans doute que du haut du ciel il vous admire comme une merveille. Je vais annoncer à vos nobles mères quelle belle âme vous avez, ange adorable! On dirait vraiment qu'au ciel vous prîtes naissance! Heureux, heureux mille fois les enfants qui s'instruisent et pensent au bien comme vous, ils font réaliser sur cette terre le vrai bonheur.

« Ma chère Lupuso, vous viendrez ce soir dans mon salon, vous y verrez couler mes larmes de joie; vous me faites tressaillir d'allégresse; vous avez un esprit si brillant, que j'ose le comparer à celui de l'illustre Divinor, bouche d'or dont on parle tant, puis à celui du sublime Châteaubriant; enfin à celui de M⁰ᵉ Desbordes-Valmore, dont on admire les immenses talents. Vous méritez faire un mariage d'inclination, de raison et de princesse, ma divine nièce.

« Pour vous prouver toute mon affection, je vous donnerai d'abord un beau secrétaire, puis deux livres dorés sur tranches grands de pensées ! *Télémaque*, de l'illustre Fénélon, et le *Petit-Carême*, de l'éloquent Massillon ; puis le beau portrait de saint Vincent de Paule, le bienfaiteur d'êtres pauvres, qui savait que l'aumône nous conduit dans la délicieuse voie qui nous fait arriver au ciel, puis nous y fait jouir d'un bonheur éternel ; je vous donnerai ce beau livre d'Évangile qui nous fait admirer que Dieu seul est grand.

« Enfin je vous ferai cadeau de très précieux et beaux diamants, brillants, ravissants, et d'une magnifique corbeille de mariage ornée de belles fleurs, d'agréables odeurs et d'exquis parfums de la ville de Grasse pour embaumer vos charmes et vos grâces, puis d'un riche piano et d'une belle lyre, et d'une charmante bourse de l'exposition de 1849, dite tyrelire, pleine d'or pour votre dot ; puis du chocolat et du thé, qui nous procurent la santé. Quant à votre mari, ce doux ami, comme à Paris et dans le joli Nancy, il vous donnera un gentil petit colibri doré, émaillé, qui chantera, le cœur réjouit comme riquiqui, vos beaux jours et vos tendres amours, et leurs plaisirs délicieux, qui vous mettront doucement dans les cieux! Vous le poserez, dans votre jolie petite cage, sur la mousse, avec attention et précaution pour qu'il ne s'envole pas. Puis il ajoutera à ce ravissant cadeau non du lait de bichette, mais bien de l'excellent vin de Madère et de Marseille, dont on dit merveille, et de l'exquis nectar ambroisie de la Côte-d'Or et de ce délicieux vin de Porto, qui rendent le cœur gai comme ce comique de Pierrot. » En cet instant, une musique des plus mélodieuses fit entendre l'air tout nouveau et varié de *Rantanplan, tirelire*. Ces dames, à mon grand regret, cessèrent leur conversation et se levèrent subitement aux approches de belles demo'selles toutes couvertes de blanches et fines dentelles, puis de robes luisantes d'une blancheur éclatante qui faisaient ressortir leur rosé, fleuri, délicieux et charmant minois, toutes d'une pudeur, d'une sagesse et d'une grâce exquises, semblables à la Divinité. Elles allaient, bannière en tête, surchargées de rubans de soie blanche, à la fête du couronnement de la rosière de Nanterre.

Comme à une procession, tout le monde les suivait, les contemplait, particulièrement la reine couronnée de cette solennité.

On devrait inscrire sur leur bannière :
*Bien heureuses celles qui ont le cœur pur,*
*elles sont admises à cette fête.*

Je perdis donc de vue les aimables causeuses.

Je continuais à me promener lorsque j'aperçus, une heure plus tard, qu'on portait en terre, dans deux corbillards, deux personnes : l'une riche, l'autre pauvre; l'une avait été dure, l'autre avait été douce.

La première eût dû penser, avant de mourir, au néant des choses d'ici-bas, où on reste si peu de temps, et que la richesse, la grandeur, la puissance disparaissent en un instant comme l'ombre; combien même de personnes se sont noyées; d'autres, tombant d'en haut, se sont brisées la tête; d'autres sont mortes dans des festins, d'autres en jouant, d'autres dans un bal; un autre a péri par l'épée, l'autre par le choléra. On a beau dire que c'est un scélérat, un ingrat, il nous abat; il n'y a que le juif errant qui tient bon, parce que c'est un fort luron comme Samson et Hercule, qui vaincrait Jupiter s'il était sur la terre. Les autres, par des amours contrariés, se sont suicidés ; celui-ci est tué par la main d'un voleur ; celui-là périt par le feu.

N'a-t-on pas vu avec douleur étendre sur un brasier ardent, sur un gril, l'infortuné Guatemozin, dernier empereur mexicain, expirer, comme saint Laurent, dans les plus affreux tourments. Chaque instant de notre existence, c'est la mort qui arrive. Un riche avare devrait donc regretter de ne pas avoir fait de bien à celui qui sut tant souffrir, car la mort doit être bien douce pour celui qui a respiré la paix du cœur et l'amour de l'humanité !!!

Le lendemain, je retournai m'asseoir sur le même banc où je m'étais reposé la veille. Un monsieur aux manières distinguées fut comme moi attiré par l'attrait et la beauté de ce lieu ; il vint, en me saluant, prendre place à mes côtés, et me demanda si j'étais de Saint-Germain. Sur ma réponse, que je n'y étais qu'en passant, il me dit : « Comme vous, je suis étranger. » Il me demanda si j'avais remarqué toutes les jolies rosières qui défilèrent hier si pompeusement devant cette place ; je lui répondis : « Certainement, monsieur, et c'est avec d'autant plus de plaisir que la noble institution de cette fête avait les grands avantages d'inspirer aux jeunes demoiselles des sentiments de sagesse, de candeur et de vertu, et qu'il serait indispensable que cette solennité fût ainsi consacrée dans toute la France ; qu'il était juste de voir couronner l'innocence, la vertu et la beauté. » Il me répliqua : « Vous avez bien raison, car, malgré la civilisation, il y a malheureusement des jeunes filles qui sont tellement flattées de leur beauté et des charmes et des grâces dont Dieu les a comblées, qu'elles mettent tout de côté pour ne penser qu'à elles et satisfaire leur vanité, pour d'abord faire des conquêtes, puis après rire des crédules victimes qu'elles font. » A cette occasion, il se plut à me parler d'une aventure qui me rappela un conte du bon La Fontaine et l'ingénieuse comédie des *Précieuses ridicules*, de l'inimitable Molière.

Il avait vu dans une ville, il y a vingt-quatre ans, une jeune personne d'une rare beauté qui avait été demandée en mariage par tous les jeunes gens de cette ville, puis des environs et lieux éloignés ; qu'elle les avait refusés non seulement avec dédain, mais, loin d'être flattée et honorée, elle les plaisantait tous et les injuriait gravement en arrière, parce qu'elle se flattait de trouver dans peu soit un prince ou au moins un des plus riches personnages du royaume. Sur ces entrefaites, un jeune homme d'une haute naissance, fils unique, et ayant une fortune d'environ quatre millions, grand coureur d'aventures, nouveau Joconde et grand redresseur de torts, mais comme Conradin inflexible, cependant homme d'honneur, et comme d'Aguessau fort juste, vint dans cette ville, fut invité dans un bal du grand monde ; il remarqua avec la plus scrupuleuse attention cette beauté cruelle et si difficile pour le choix d'un époux.

Sur le rapport exact qu'on lui fit des injustes procédés de cette demoiselle envers ses soupirants, il en fut tellement indigné, qu'il résolut de lui donner une leçon éclatante. Il fit donc un *pari secret* avec deux jeunes gens qu'elle avait refusés et offensés. En conséquence il fit faire la demande de la main de cette belle dédaigneuse. La promesse ne se fit pas attendre; car elle fut donnée, acceptée par cette demoiselle avec les transports de la plus vive allégresse et du plus grand enthousiasme; elle s'écria : « Il est donc arrivé, ce riche bien-aimé, que mon cœur avait rêvé, bonheur des bonheurs; elle sautait, bondissait de joie dans sa chambre à coucher. Tant de charmes, tant de grâces, tant de beauté allaient être couronnés de roses blanches et de myrthes. Ce n'était que fêtes, réjouissances et joies du ciel pour elle. Publications, promesses d'honneur, contrat de mariage, le tout fut signé avec la rapidité de l'éclair, avec gaieté et en bonne forme par les parties.

Cependant on fit remarquer à cette jeune personne que son futur n'allait que rarement la voir; elle attribuait cette circonstance au bon ton.

Un mois après, feux d'artifice brillants, pétards à réveiller des morts, fusées volantes, girandes et girandoles, flammes du Bengale, coups de fusil et de canon, musique et son des cloches annonçaient que la future, plus belle que jamais, sortait d'un air de triomphe et majestueux de chez son père pour se rendre à la mairie, où le joli et ravissant petit *oui* devait être prononcé, où, enfin, le mariage devait être célébré. Que de jaloux et de jalouses de son futur bonheur !...

Le jeune homme, en habit de drap noir de Louviers, donna, avec élégance, courtoisie et sang-froid, la main à sa future, dont le cœur battait et palpitait d'impatience, pour l'aider, avec prévenance, à monter dans une voiture neuve d'une beauté et d'une richesse exquises, et aux armes de sa maison ; elle était attelée de six jolis chevaux blancs comme neige, richement empanachés, caparaçonnés et harnachés, et conduits par des domestiques en riche livrée, en habit de drap de Louviers, couleur bleu-violet, vif clair cochenillé, surchargé de broderies d'or ; gilet d'écalarte ; cravate d'un blanc de neige ; pantalon de drap d'Elbeuf, gris lilas clair ; chapeau galonné en or ; gants blancs.

La figure de cette beauté était radieuse, resplendissante d'espérance et de félicité ; sa toilette était d'une magnificence, d'une blancheur exquises et rehaussait sa beauté et ses grâces, puis animaient et augmentaient ses charmes ; enfin son air de contentement respirait une joie qu'on eût dit venir du ciel, et portait son enchantement, son ravissement au comble, et surpassait ce qu'on avait jamais remarqué chez aucune jeune mariée.

Cette fête était d'autant plus animée, que toutes les populations de la ville et des environs étaient accourues en hâte pour l'admirer.

L'horloge de la mairie annonçait onze heures du matin, lorsque le futur, entrant dans la salle des mariages, prodiguait à cette belle les soins et les attentions les plus prévenantes, les plus délicates, en usage chez les personnes bien élevées. Les conviés, les témoins et un public nombreux se poussaient, se pressaient tellement, que bien des personnes

furent presque suffoquées. On eut la précaution d'ouvrir les croisées, et personne ne succomba. Que dis-je? personne ne succomba.
Je continue à faire l'éloge de cette jeune demoiselle, qui, dans ce moment suprême, était
d'une beauté extrême. Les roses de son visage
s'animèrent; ses lèvres brillèrent du plus vif
incarnat. Elle était même plus belle qu'une
reine, puisqu'il est vrai de dire qu'il y a des
reines qui ne sont pas reines de beauté, mais
seulement de magnificence et de bonté. Une
musique mélodieuse se fit entendre, et pour
compléter ce pari, le futur fit venir un de
ses cousins, gentil jeune homme comique,
plein d'effronterie et de sang-froid; il le fit
habiller en costume de dame; il avait l'air
d'un chérubin beau comme le jour; tout le
monde le prit pour une femme lorsqu'il se
présenta sous le nom de la mère du futur,
dans la salle des mariages de la mairie, et
comme arrivant à l'instant même de son château. Comme la future n'avait jamais vu ni
l'un ni l'autre, il lui était aisé de croire à la
récente présence de cette dame. Le jeune

homme osa donc, comme prétendue mère du futur, saluer cette demoiselle, et l'embrassa avec transport; puis se retira de côté. Cette singulière action fit rougir cette jeune personne, mais parut inaperçue. Cependant un parieur dans la cour, qui était dans le secret, se mit à rire aux éclats.

Enfin cette demoiselle touchait au bonheur suprême. Encore quelques minutes plus tard, l'or par millions arrivait comme de la Californie pour être déposé sur sa couche nuptiale. Délices de la terre, vous allez être découverts: le ciel s'ouvrait à ses beaux yeux, la rendait encore plus jolie que la Vierge de Raphaël. Plaisirs extrêmes, moments si précieux, si sacrés et si chers aux vifs désirs de son cœur, qui palpitait, bondissait d'une secrète joie.

Vous qui ne voyez de mérite que dans l'or, qui l'adorez, puis qui insultez le pauvre plein d'esprit et de probité, vous qui le tournez en ridicule et en riez de pitié même, lorsqu'il veut dire le plus petit mot vous annoncez partout qu'il est fou : ceci n'est pas de la satyre, c'est de la pure vérité. Ayez donc plus d'équité, d'humanité ; écoutez la leçon que va vous donner ce riche garçon. Un silence respectueux annonçait la présence de l'officier de l'état civil, qui s'avance d'un pas mesuré et posé, avec dignité et plein d'assurance. Il s'agissait de marier un plus que millionnaire ; cela donne de l'importance à l'affaire. On a pourtant tort. Maudits préjugés de l'or, pourquoi n'est-on pas plus philosophe ? Voyez ces magnifiques mariages des rois ! Malgré que ce soit des mortels comme nous, on court gaîment pour voir ces grandes fêtes, comme à la conquête de la Toison-d'Or. Si l'on n'a pas raison, on n'a pas non plus tort, parce que le luxe qu'on y voit encourage le commerce.

Du reste, ce respectable fonctionnaire, quoiqu'il n'était pas millionnaire, était estimable et honorable ; mais il valait mieux que ces avares qui adorent même la bagatelle de deux liards comme un millard.

A l'arrivée de l'adjoint, la future prit une contenance noble et majestueuse, et, après les cérémonies d'usage, l'officier prononça un beau et agréable discours, suivi de ces mots : « Vous, monsieur un tel..., promettez-vous de prendre pour épouse?... »

Soudain le jeune homme l'interrompant, lui dit : « Pardon, M. l'adjoint, et vous, mademoiselle, soyez forte ; c'est le vœu du destin.

« J'ai l'honneur de vous déclarer, M. l'adjoint, en présence de cette honorable réunion, que j'ai fait un pari d'une somme assez forte que je ne prendrai jamais pour épouse mademoiselle que voilà à mes côtés (en la montrant sérieusement de l'index), parce que je ne l'aime nullement. Il m'en coûte de le dire : mon cœur se déchire, et celui de mademoiselle doit éprouver mille martyrs ; mais je sens dans mon âme qu'une puissance plus forte que moi m'y porte. Du reste, monsieur, je ne mérite pas le rare et précieux avantage de posséder tant de grâces, tant de beauté, tant de charmes ; ils valent plus que l'univers entier. Voilà pourquoi, avec toute ma fortune, je ne pourrais acheter cette inappréciable beauté. Un motif plein d'équité vient fortifier mes inébranlables résolutions et cimenter mon pari. Bien d'autres que moi ont demandé la main de mademoiselle ; ils sont des hommes respectables, pleins d'honneur ; mademoiselle les a tous refusés avec mépris, railleries et injures. Peut-être encore plus riche que moi aura le délicieux plaisir de l'épouser. »

Soudain elle jeta un grand cri ; elle frissonna, se tortilla, eut même des crampes comme si elle eût eu une attaque de choléra. Le jeune homme lui dit : « Mademoiselle, si vous eussiez été aimable comme l'est en général le beau sexe, vous ne subiriez pas cette scène. Voilà pourquoi je dis non. » Elle garda un profond silence et versa d'abondantes larmes. On la fit passer dans le cabinet particulier du maire, où elle resta jusqu'à minuit.

Le jeune homme, avant de se retirer, donna le montant du pari à l'officier de l'état civil pour être remis aux pauvres, et y ajouta une forte somme d'argent, non pour la demoiselle, dit-il, parce qu'elle n'avait pas besoin d'acheter des atours pour orner, embellir ses amours, et faire de nouvelles victimes. Il salua la société. Et le public fut d'autant plus étonné, qu'il apprit que la dame qui avait embrassé cette demoiselle était ce jeune cousin déguisé. Aussi les uns désapprouvèrent et d'autres rirent de ces mauvaises farces. C'était pour cette demoiselle un terrible ouragan, envoyé par Satan, non par Jupiter, qui voulut se faire passer pour Dieu, maître du tonnerre et de la terre. Saint Antoine ne fut pas plus tourmenté qu'elle le fut. Ce fiancé, avec son cousin, remonta de suite en voiture. Ses laquais ne comprirent rien à tout cela. Les deux parieurs aussitôt arrivèrent, puis osèrent rire aux éclats, non du tonnerre, malgré que c'était un fort orage qui venait de se passer. Ils dirent être vengés : c'était pousser trop loin l'affaire.

Le fiancé alla au-devant du prêtre, qui attendait avec impatience la noce à l'église, le goupillon et l'encensoir à la main, et, comme inspiré de l'esprit divin, adressant des vœux au Ciel pour bénir cette beauté avec dignité ; enfin faire deux heureux. Mais il fut très surpris, stupéfait, lorsque le sacristain, le bénitier à la main, et versant des larmes, lui raconta tout ce qui venait de se passer ; ils dirent que la volonté du bon Dieu soit faite. En ce moment, le jeune homme arriva et remit **au** curé une somme d'argent pour les pauvres, et, comme la Providence est grande, la sacristain, les bedaux et le suisse furent agréablement surpris de recevoir assez d'argent pour acheter dix surplis et trois habits de drap de Louviers bien doux, bien fins, bien soyeux, bien corsés, pour gratification ; ils furent priés de porter le repas des noces avec les gâteaux aux pauvres de l'hospice. Enfin le fiancé paya partout ; aussi il fut fêté comme un homme plein d'humanité.

Quant à cette demoiselle, elle finit par épouser un presque cousin de saint Crépin, un peu bossu, mais dodu et point malotru ; deux ans après elle mourut, ainsi dans tout, l'homme propose et Dieu dispose.

Cette affaire fit et fera du bruit, semblable au coup de canon, qui se répète aux échos d'alentour. On se rappelle qu'il y a peu de temps, à Paris, une jeune fille allait pour se marier à l'Hôtel-de-Ville, mais en descendant de voiture sa robe se trouva un peu déchirée, lorsque son futur laissa échapper ces mots ma<sup>l</sup>

sonnants : « Ah! que c'est bête. » Arrivés en présence de l'adjoint et après la lecture d'usage, il dit au futur, promettez-vous de prendre pour épouse Justine Rigerbertin?.... Il répondit, oui. Puis l'adjoint répéta à la jeune fille, promettez-vous de prendre pour époux Ignace Prudent? Elle répondit, Prudent, non, non, car ce nom de baptême, il ne le mérite point, pas plus que ma main, je dis donc non, mille fois non, d'un million de fois non, pas si bête ; puis elle se sauva de suite, laissant les assistants stupéfaits..

Je pris congé de ce monsieur, et le lendemain je quittai Saint-Germain et arrivai à Louviers, par le chemin de fer avec la rapidité de l'éclair.

De retour à Louviers depuis dix mois, on me sollicita, en mars 1848, de faire une circulaire pour les élections. Je fis un voyage dans une partie du département de l'Eure, j'eus le plaisir d'y recevoir un accueil flatteur, je vis au Pont-Audemer d'anciens amis d'Elbœuf, je me rappelai avoir lu que Pont-Audemer avait eu pour gouverneur l'intrépide Devieuxpontd'Aiguivile, fils du baron de Neubourg, qui fut tué à la bataille de Dourlens, en 1595, à côté de Villars ; ensuite je suis allé à Briosne, Bernay, Baumont, Roger, puis le Neubourg, où on joua pour la première fois un opéra en France ; de là je suis allé à Pacy, Andelys, Gaillon et Elbœuf. Mes ennemis désespérés que les électeurs m'étaient très favorables, se réveillèrent avec leur jalousie, et pour éviter que je sois nommé membre de l'Assemblée nationale, osèrent persister à me calomnier, puis me firent insulter ; enfin, firent courir partout le faux bruit que j'avais donné ma démission de candidat. Ils réussirent donc encore à me nuire ; ils crurent me faire de la peine, ils se trompèrent beaucoup, car je suis au-dessus des injures, elles sont des fleurs qu'on me jette et que je ramasse, je les garde en silence, j'use d'indulgence, jamais je ne me plains, l'homme n'est pas Dieu, je l'excuse, je lui pardonne. Cependant je ne demande, ni à être vanté, ni à être injurié, insulté et lapidé.

Mes parents comblèrent l'humanité souffrante de millions de bienfaits, comme eux j'aime à faire le bien et je serais heureux de pouvoir contribuer au bonheur de ma patrie.

Les 10 et 12 mai 1849, je fis un charmant voyage dans le riche département du Calvados, où on admire de belles et riantes campagnes, puis de jolis côteaux; châteaux, rivières et ruisseaux, où on entend avec plaisir le doux bruit des eaux, le chant délicieux des oiseaux; où je vis sur de légères nacelles, de tendres pastoureaux jouant avec leurs grelots, leurs chalumeaux, des airs nouveaux. Puis on contemple à Honfleur, cette immense mer que le pilote entreprenant dans sa course sur d'élégants navires, rival du soleil, fait le tour du monde, comme l'intrépide Christophe Colomb. Puis, je vis le joli Lisieux, où l'on admire une ravissante place, au milieu un rond bassin et un jardin, sur les côtés de gentilles avenues de tilleuls, dans le fond un long et charmant paysage rempli de bocages. Mais à la vue de la merveilleuse plaine de Corbon, entre Lisieux et Caen, j'éprouvai la plus grande admiration, la plus grande vénération,

je m'inclinai respectueusement et m'écriai :
vive Corbon ; on y contemple avec une douce
sensation, pêle mêle, d'immenses et vigoureux troupeaux broutant sans cesse, sautant,
hénissant, folâtrant, se reposant et prenant
leurs ébats mieux et plus tranquilles que des
potentats ; lieux délicieux pour eux, mais ne
se doutant pas qu'ils nous préparent des mets
délicats et succulents raffermissant les tem-
péraments ; on y aperçoit de ravissants vergers chargés d'arbres à fruits, puis çà et là
quelques rustiques maisons champêtres et à
six à sept lieues en carré et au milieu desquelles
se trouve la grande route, on admire à droite
et à gauche d'immenses, vertes, ravissantes,
riantes prairies ; celles du côté du nord et du
levant sont pour le coup d'œil comme un
océan magnifique de verdure et sont encore
plus belles, on y considère toujours des milliers de troupeaux bondir, et en s'éloignant
ils paraissent gros comme le poing, puis courent devant de charmants bosquets mêlés de
grands peupliers et de vieux chênes âgés de

de plus de deux cents années, on les dirait dans le lointain être d'immenses cathé-
drales, puis des tours, des clochers et leurs
flèches, et des monuments, et de hautes colonnes, formant avec la verdure et le beau
ciel azuré et le brillant soleil le plus magnifique coup d'œil. On aperçoit sur de verdoyants côteaux, des châteaux, des jardins
émaillés de fleurs parfumant l'air ; puis de
beaux hameaux où l'on admire avec un plaisir
délicieux de petits bergers et de petites bergères riants, folâtrants, beaux, pas marauds,
ni marmots, ni nigauds, ni sots ; mais gros,
gras, frais, dispos, fleuris, comme ces petits
des montagnes de la Savoie qui naquirent de
pauvres parents, pareils à de petits amours
divins, faisant des bonds et des sauts comme
Pierrots, avec leurs gros sabots, mangeant
chacun à leur écho de fins gigots de mouton
très bon et de veau très beau, puis de jolies
petites poulettes, rondelettes, joliettes ; puis
de longues andouilles de la Bouille, grosses
comme petites citrouilles dont ils régalent les
patrouilles. Du reste, cette riche contrée de no-

tre belle France produit de tout en abondance, plus que suffisance pour se remplir la panse; après ils font de charmantes petites grimaces, pareilles à celles des réjouis frères Pancraces; mais ils ne sont pas voraces, ni rapaces, ils mettent tout dans leurs besaces, qu'ils ne changeraient pas encore pour les cuirasses d'or bien sonores du vieux père Eléonore Gomore, orfèvre, ils en seraient aux abois par millions de fois surtout le jour des Rois; ils sont charmants dans leurs petits serments et n'aime pas les changements qui causent dans tout des bouleversements, des tourments, des désagréments, des désapointements et des regrets. Ils courent sur la glace comme sur une belle place, ne craignent pas de tomber sur la face; ils sont lurons comme de petits démons et comme de petits dandins des villages de Drelindindins, de Drelidandois, de Quetendi et de Quetenda; bien matois, bien fins, comme petits lapins, gamins et Scapins qui chantent au lutrin. Mais gentils comme arlequins, ils ne mettent pas comme eux d'escarpins; ils sont toujours riants, naïfs, vifs dans leurs amusements, se trémoussent et frétillent joliment, poliment, d'un air si plaisant qu'ils font rire jusqu'aux charretiers embourbés à gorges déployées. Ils jouent au cerf-volant, puis au volant, en attendant qu'ils soient grands comme conquérants, puis apprennent leurs leçons comme de petis Cicérons, faites en autant, mes chers enfants, vous deviendrez très savants et grands. Ils vont sous des ormeaux et autour des buissons et dansent en rond et crient à tue cerveau, comme des veaux après de nombreux troupeaux et font envoler comme mes espérances des milliers de petits faisandeaux, tourtereaux, perdreaux, pigeonneaux, corbeaux, linots, moineaux, oiseaux qui viennent chanter sur les saules, les louanges du Seigneur créateur de la merveilleuse contrée de Corbon, car comme disent les hommes de génie, les animaux ont aussi leur doux et sage langage, leurs petites délibérations, leurs petites transactions, je partage leur avis ; oui, oui, oui, oui, couci, couci, il s'envolèrent et se perchèrent sur des complaisants et nourissants cerisiers auxquels ils dirent bonsoir, au revoir, et s'écrièrent à merveille et enchantés, ah ! que la cerise est délicieuse, délicate comme l'enseignait le vieux Hippocrate. Ces messieurs et dames du genre humain savent bien ce qui est bon, fin et sain, ils font de la cerise d'exquis desserts servis magnifiquement dans de belles salles sur de beaux couverts d'or, d'argent et de porcelaine, et nous, dans la plaine, nous en faisons des repas copieux qui nous mettent comme Dieu dans les cieux, puis nous en chantons de ravissement, vive le firmament, que les cerises de Corbon sont excellentes ; mises en confitures sucrées, qu'elles doivent être salutaires ; mais elles ne sont pas pour notre petit bec. Un petit serin qui s'est envolé de la jolie cage d'une demoiselle de Beuvron, nous dit en avoir goûté, qu'il s'en est chatouillé le petit gosier, qu'elles étaient friandes, parfaites, plus que sucre, millet et galettes ; maître corbeau, notre président, qui sait son rudiment et qui se dresse comme un très beau paon, nous a assuré que la cerise était bonne pour la santé, qu'elle est acide plus que le gros cidre, comme

le vin, sait combattre les humeurs et rend le
cœur gai et purge notre petit particulier au
parfait ; il raisonne médecine comme à la fa-
culté de Montpellier ; mieux que ce petit ga-
lopin qui nous ruait hier des pierres, depuis
qu'il nous l'a ordonnée, nous nous en trou-
vons bien ; il en mange tant qu'il a déjà cent
vingt ans, comme le perroquet et l'éléphant,
il vit de longues années, quant à la puce, elle
aime tant le sang qu'elle ne vit pas longtemps ;
nous autres petits oiseaux nous avons de l'humanité, nous n'aimons même pas voir couler
le sang, cela nous fait horreur. Maître corbeau courtise certaine corneille dont on dit
merveille, elle a cent cinq ans et vole si rapidement qu'on ne lui donnerait pas vingt ans,
elle se tient droite comme une jeune fille de
quinze ans et le bouton de rose, elle a beaucoup de talent et sait se cacher dans les feuil-
les avec tant d'adresse, qu'elle écoute en
riant et frémissant en même temps, les discours de ces maudis chasseurs de la cour,
elle dit un jour à un grand seigneur, en bon
français : « Monseigneur, Dieu ne t'a pas

donné des ailes pour monter dans les airs parce que tu es trop fin et malin, tu nous ferais sauter plus aisément le pas et sans embarras, nous te voyons toujours dans ta salle à manger, dévorer poulets, dindons, poissons, moutons rôtis, tu n'es pas comme Pythagore, que nous fêtons, qui n'en voulait pas manger crainte de pécher et qui ne vivait que de légumes et de fruits. Malgré que tu nages dans l'opulence, dans l'abondance et les plaisirs, tu voudrais bien être mon vainqueur, comme tu l'es de ces doux cerfs que tu harasses de fatigue et qui soupirent après des sources d'eau pour se désaltérer. Beau seigneur, je n'ai pas peur de toi, cependant ta poudre et ton plomb, ne sentent ni le jasmin, ni l'œillet, ni la rose de ton jardin, ni le jambon, ni la venaison qui sont dans ta carnassière ; adieu, vilain carnassier, et elle s'envola. » Maître rossignol nous chantait en beau langage rempli de roulades : petits oiseaux, mangez la cerise, mes chers enfants, elle est délectable, confortable et est de toute nécessité, je vais partout le proclamer, mais l'abricot, lorsqu'on

en mange trop, il nuit à la santé, cependant
l'oiseau des amours ne tient pas toujours ces
sages discours; l'abricot comme la pomme
tenta Adam et le damna ; faites bien attention
à cette réflexion. Un linot fort beau vit une
hirondelle très belle qui lui dit qu'une pie
perdit la vie pour en avoir mangé à sasiété et
reçu par dessus le marché une balle dans le
côté qui lui fit sauter une jolie plume et une
aile la plus belle, au beau clair de la lune
mon ami Pierrot. Jocotte, mie pie, où allais-
tu? petite pointue pour un fêtu te faire occir.
Les fruits et les fleurs disent très aimablement
aux dames : voyez adorables beautés, comme
nous sentons bon, nous ornons, nous parfumons
votre beau sein, vos fins et doux cheveux, et
ceux de vos belles demoiselles même les plus
cruelles, nous n'avons pas à les punir des soupirs, des peines et des larmes que vous faites
verser à ces tendres petits messieurs qui vous
adorent et voyent le paradis dans leurs yeux,
soyez plus aimables et plus affables, pour vous
récompenser nous vous enverrons du beaume
de Bengale qui rajeunit l'humanité, après on

sera toujours à vous chérir, à vous adorer. Nous parons, embellissons vos salons, ce qui prouve nos suaves perfections. L'éloquence est partout, au théâtre, au corps législatif, où on admire la grandeur d'âme et le noble caractère des Français, il y a-t-il rien de plus tendre que l'éloquence des mères et de leurs petits enfants, même des amants, est-elle muette? Qu'elle est expressive! A Paris, à Orléans, à Bordeaux, à Saint-Esprit en Gascogne, à Nantes, à Caen, à Rouen, à Londres, à Moskou, Rome, à Cracovie, en Californie nouveau Pérou, enfin dans tout l'univers on adore l'éloquence comme on aime les belles, les fêtes, les promenades, les réjouissances, les bals, les spectacles, les repas, le bon vin, la joie, la gaîté et la félicité, comme on abhorre le choléra et un scélérat. Je le répète, tout parle, jusqu'à la mer qui mugit et est en fureur quand elle est agitée, elle fait trembler, frémir, prier de peur le navigateur, dans sa rage elle nous précipite dans les flots; mon Dieu, quels sauts, quels bonds, quels plongeons nous faisons, elle combat avec les vents qui sifflent comme d'énormes serpents, qu'elle musique épouvantable, quel triste opéra, quel triste bal, mais quand elle est calme, semblable à une jeune mariée qui va à l'autel, qu'elle est belle, jolie et aimable, c'est la majesté du ciel; son silence est rempli d'éloquence, c'est qu'elle veut plaire comme le charmant Frumence à la belle Espérance, comme l'aimable Fulgence à la jolie Clémence. Et les petits ruisseaux donc, comme les petits oiseaux n'ont-ils pas leurs admirables ramages et gazouillements; voyez, jusqu'aux tout petits lou lous, demandant par de gentils cris à manger à leurs mères, qui leur disent : enfants chéris voilà du rôti et du biscuit, si vous apprenez bien votre leçon, je vous donnerai demain une perdrix rôtie et un gros et rond macaron. Et les airs? Ils ont leurs nuages qui forment des ouragants, les orages qui grondent, qui tonnent, qui crient aux méchants qui calomnient l'innocence et la vertu : Tremblez, vous êtes faibles. Le ciel redevient-il serein, qu'il est beau, qu'il est divin !!! Je m'arrête, je sens que j'en dirais bien plus. Et vous Midas, dindoneaux qui dites que les autres sont niais, on pense que vous avez de l'esprit ; oui, mais c'est de jalousie, c'est là tout votre génie. Si le langage des oiseaux, des arbres et de la mer vous est inconnu. Le nôtre à leurs yeux l'est de même, c'est comme vous le savez le secret de la Divinité. Mais réjouissez-vous, vous êtes curieux, vous avez sans doute appris qu'on va faire des ballons ailés, j'espère qu'avec les Français feront la conquête de l'univers et tenteront d'aller visiter nos bienheureux aïeux dans les cieux ; ces ballons sont en confection dans l'empire des visions idéales près de celui de l'esprit ; on assure qu'ils feront dix mille lieux à l'heure, Chinois, Iroquois, Japonais, Javanais et nations candides tremblez, vous direz sans doute que c'est un grand canard comme l'aigle qui ne passera pas les brouillards et les nuages, sans doute que le personnage qui les invente voudra par un moyen dompter Jupiter le maître du tonnerre. Nous verrons, espérons, rien n'est impossible aux ingénieux Français si parfaits. J'excepte cependant l'invention d'empêcher la mort ; suivant moi, on ne doit pas craindre la mort, quand cette belle dame arrive, il faut toujours, comme pour le beau sexe, la recevoir avec grâce, politesse comme une aimable princesse. Si elle nous fait verser des larmes elle vient aussi terminer nos souffrances , enfin, c'est une charmante personne à laquelle je rends mes hommages ; si elle ne plaisait pas, l'homme n'irait pas dans les combats la braver hardiment, enfin ne devancerait pas le trépas ; mais c'est pour la gloire, mais c'est pour la victoire, qui sont de belles personnes que partout on renomme ; même l'oiseau dans l'air, le coq sur son fumier aiment aussi à guerroyer, ça fait pitié ; rions donc sans cesse, c'est bien plus beau que de jouer de l'épée, remettons-la vite dans son foureau, ne soyons pas comme Malcus et Tamerlan, alors le beau sexe criera avec les philosophes, bravos, alleluia, vive la joie, la gaîté, les fêtes, l'amour et l'amitié. On dit que la mort a des yeux hagards, qu'elle nous regarde de côté, c'est pour mieux nous fixer, elle a plus d'influence et de puissance qu'on ne pense, elle veut sans doute nous protéger pour l'éternité. Enfin, quand on a la conscience pure et qu'on arrive à elle, on monte droit au ciel. C'est ce que je vous souhaite à tous. Attendons pour mieux nous prononcer sur ces ballons qui nous feraient faire dans leur réalisation des bonds de surprise, des bonds de mort qui ne vaudraient pas les bons de la Banque de France ; alors on la mommerait l'infâme invention du démon ; allez donc chercher un brevet pour vous faire tuer.

Revenons à nos cerisiers ; disons qu'ils sont plantés sur les bords de jolis ruisseaux, qui vont doucement se perdre dans une limpide rivière, portant de belles nacelles. Enfin, ces petits et grands jeunes gens de Corbon comme Divinor Bouche-d'Or, sont aimables, affables, aiment à donner l'hospitalité.

Les jours de fêtes, ils portent haut la tête, le bouquet au côté, marchant avec gravité ; enfin, sont heureux comme dieux, ne connaissent de conquêtes que celles des cœurs pleins d'honneur. Pays de plaines remplis de charmes, de lauriers, de myrthes, de belles et nobles pensées; vie du ciel où l'on savoure la félicité. On est loin de penser dans ces paisibles lieux, aux grandeurs de la terre, causes de tant de malheurs, de tant de douleurs et de misères. Grands et riches, qui dites chérir les beautés de la nature, vous ne connaissez pas les incomparables merveilles de Corbon, daignez, s'il vous est agréable, y porter vos pas délicats, vous y respirez un air de bonheur, et vous vous écrierez, j'en suis certain : vive Corbon! ah! qu'il est beau, qu'il est superbe! c'est une merveille, en vérité, dont on reste enchanté! c'est bien le paradis de la France !

Cette délicieuse vue m'inspire ces pensées : *univers, soleil, étoiles, mer, hommes, blés,* qui se dorent au soleil, *arbres, fruits, fleurs*; leurs suaves parfums, dites-moi comment vous prîtes naissance? Quand je considère les grandeurs de tout ce qui existe sur cette terre, je me dis : il n'y a que l'Etre suprême qui puisse connaître ces impénétrables mystères. Que 'homme est admirable dans tout son ensemble, qu'il est doué de génie ! Voyez cette noble et précieuse agriculture, ces plaines, ces montagnes qu'il cultive avec tant d'ardeur et de soins, aidé d'un moteur puissant, fécond et invisible ; il la fructifie, il l'embellit et la comble d'une richesse incalculable ; à chaque instant, j'ai ces pensées dans mon cœur. Admirez ces belles écritures qu'il eut le bonheur d'inventer, pour tracer immensité de pensées, et les envoyer dans des lettres par toute la terre ; mais ces mouvements des doigts pour écrire et suivre la pensée, qu'ils sont extraordinaires ! ce cœur qui l'inspire, comme il bat régulièrement ; il palpite et s'agite selon les impressions qu'il reçoit ; sont-elles douces, agréables ? Ah ! quelles délices, quels plaisirs, quelles ravissantes jouissances ! ah ! quel inexprimable bonheur on éprouve !

Sont-elles tristes, ah ! quelles douleurs, quels malheurs on éprouve ! alors, la bouche prononce ces pensées. Le cœur cesse-t-il de battre, notre existence est éteinte ; chaque minute de notre vie, c'est un pas immense vers la mort.

Les yeux, qu'ils sont beaux et doux, quand l'objet aimé se présente à eux; quel tendre langage surtout dans un vert bocage, avec son amie sous le feuillage. Mais, qu'ils paraissent furieux, étincelants, lorsqu'ils marquent la colère! ah! qu'ils sont vilains, qu'ils sont mauvais, qu'ils sont affreux. Doux yeux, c'est le paradis; yeux durs, c'est l'enfer et ses furies. J'ai vu les yeux de l'amour; ils sont ravissants et d'une éloquence inexprimable; entraînante comme aimantée, c'est le cœur qui parle, qui vous dit : je vous aime, je vous adore; on y admire toujours une douce et délicieuse langueur; ils cherchent à se voir, à s'éviter; ils brûlent du désir de se rencontrer. Un père inflexible et ne connaissant pas les sentiments du cœur, dit à sa fille : je ne veux point que tu regardes Pierre; pourtant elle l'adore. Lorsqu'elle a le bonheur de le voir à la dérobée, elle le dévore; elle se dit : si mon père savait cela! qu'a-t-il donc dans la cervelle; c'est si naturel de jouer de la prunelle, s'obtiennent-ils? c'est le ciel d'une minute. Dieu nous a bien punis de ne pas prolonger indéfiniment ce délicieux paradis. Les yeux de l'amitié expriment des sentiments sacrés, nobles, indéfinissables. L'amitié est un don précieux qu'enous fit les dieux ; elle est toujours riante et a horreur de la dissimulation. Enfin, les yeux de l'amitié ont une douceur exquise, qui parle au cœur, Breton, Duvignau, Langlois, Hervieu, vrais amis. Je voyais dans vos yeux les trésors de la véritable amitié; pourquoi êtes-vous morts si jeunes? Et vous, aimable Froëlicher, persisterez-vous de nouveau à faire le tour du monde pour votre commerce? Vous êtes assez riche, vivez en paix. Et vous, infortuné Ambroise de Lalande, excellent ami d'Elbeuf, j'ai connu vos chagrins, vos malheurs ; j'ai vu couler vos larmes ; vos souffrances ont abrégé votre existence ; vous êtes mort! vos tourments ont cessé ; vous fûtes toujours plein d'honneur; c'est un bel héritage que vous avez laissé à vos estimables neveux ; c'est une couronne qui orne majestueusement votre noble front dans le séjour éternel !

J'ai vu des yeux qui annonçaient la fureur,

qui lancèrent contre moi la malédiction et la foudre. Dieu merci, il n'y a qu'un seul homme qui me fit cela, parce que je fus trahi à ses yeux par un homme qui me fit mille fausses politesses ; je le voyais, je frissonnais, je frémissais : il a réussi dans ses projets contre moi au-delà de ses espérances ; je lui pardonnai, je versai bien des larmes à cette occasion. J'ai vu, lorsqu'elle souriait, les yeux d'une belle dame ; qu'ils étaient charmants, séduisants ! ils augmentaient ses grâces et ses charmes ; je lui dis un jour : que vous êtes belle ! elle me répondit comme une demoiselle : M. Le Roy, vous vous moquez de moi ; savez-vous que ce n'est pas bien ? Je lui répliquai : madame, je ne sais dire que la vérité ; je n'aime point flatter ; je plains l'homme qui ne veut point s'instruire ; quelles sensations diverses et délicieuses j'éprouve en écrivant ces mémoires ; mes pensées naissent, se succèdent, se croisent, se pressent en foule, viennent de mon cœur à mon cerveau ; puis, vite, je les écris avec un ravissant plaisir, comme un navigateur après un long et heureux voyage.

Si j'eus épousé celle que j'aime, j'aurai pensé à son bonheur ; je n'aurais, sans doute, pas eu le temps, ni l'intention d'écrire ces mémoires. Je continue à exprimer mes pensées ; quand je considère cette utile imprimerie, puis ces montres si précieuses : je le répète, je dis que l'homme a de grands talents ; contemplez ces magnifiques monuments, ces meubles somptueux, ces beaux théâtres, où l'on représente mille chef-d'œuvres ; leurs suaves musiques, les applaudissements d'une foule illustre, énivrée d'entendre de délicieuses voix, d'admirer les grâces, les charmes des danseurs et des danseuses, auxquels il ne manque que des ailes pour s'élever jusqu'aux cieux. Enfin, allez jouir du plaisir de l'exposition de 1849, où une infinité de merveilleuses productions sont entassées ; elles vous inspirent la plus grande admiration sur le génie des Français. Avant de construire le palais de Versailles, si Louis XIV eût vu la magnifique contrée de Corbon, il en eût été tellement enchanté qu'il lui eût donné la préférence. On me demandera : pourquoi vantez-vous tant

Corbon ? Je répondrai, c'est que j'ai su en apprécier la beauté. Un jeune habitant de ce lieu me dit qu'il ne le quitterait pas pour un million, qu'on ne pouvait se figurer l'air pur et le bonheur qu'on y respire. Ce jeune homme me demanda ce que je pensais des affaires politiques ; je lui répondis, semblable à plusieurs personnes malades, elles se rétablissent avec le temps et le calme ; aujourd'hui le baromètre est à la tempête ; il pleut, il vente, il tonne, et demain il est au beau fixe ; il fait un temps magnifique. Je visitai la jolie foire de Caen ; j'y admirai d'abord les belles demoiselles de Littry, de Vassy, d'Isigny, de Condé-sur-Noireau et de Bayeux, dont on cite la candeur, la beauté, jusqu'à près de mille lieues ; j'y vis même des demoiselles de Paris et de Nancy ; celles de Nigritie sont loin d'être si jolies, mais comme elles croient à la métempsycose, elles se flattent qu'après leur mort leur corps sera transmigré dans celui d'une Française ou d'une Georgienne. Un jeune naturaliste m'a démontré, par un raisonnement fort juste, qu'un corps passe dans un autre après sa mort , mais par suite d'un temps excessivement long ; il a été deux heures à me le démontrer ; je regrette beaucoup ne pas avoir pris de notes à ce sujet. Je vis deux jeunes gens de Constantinople qui me dirent avoir beaucoup ri, d'entendre et de voir les joueurs d'orgues crier à pleines voix : ombres chinoises, lanternes magiques, pièces superbes et curieuses, annonçant avec élégance, lorsqu'ils font voir leurs petits spectacles : Messieurs et mesdames, ce premier tableau vous représente l'entrée triomphante du grand Napoléon, empereur ; de ces vaillants Français, dans Moscou. Faites bien attention ; ceci vous représente le palais des Tuileries ; à côté et sur le pont, voyez un diseur de bonaventure qu'on nomme Sorcier ; cependant, il donne quelquefois d'excellents conseils aux grands, qui souvent dédaignent hautement de les entendre. Ce beau tableau vous représente la superbe ville d'Orblé, dans l'île du Rondon, au Japon ; remarquez, messieurs, sur la grande place de l'Univers, le magnifique monument à la grandeur d'âme, l'unique en ce genre ; il est surmonté de la statue de la Vertu , couronnée d'oliviers par les Grâces ; vous voyez la fête de l'inauguration de cet édifice, telle qu'elle a eu lieu dernièrement ; tout le monde est en grande toilettre. Voyez à votre droite l'illustre Divinor-Bouche-d'Or : il est coiffé d'un chapeau surmonté d'un riche panache ; à côté de lui sont tous les savants de Yedo et du Japon ; vous observerez que plusieurs personnes se sont revêtues d'habillements tout à fait ressemblants, à ceux que portaient les grands hommes de l'Univers, le siècle dernier ; celui que vous remarquez près de Divinor, représente Voltaire, tel qu'il était habillé lorsqu'il faisait une visite à Frédéric-le-Grand et à M<sup>me</sup> Duchâtelet ; à côté, vous voyez un autre monsieur, habillé comme ce roi quand il recevait des savants, et tout près, une dame habillée comme madame de Sévigné, lorsqu'elle allait à l'Opéra ; à gauche, vous remarquez un tout petit garçon portant de grosses bottes ; il représente le Petit Poucet, saluant gracieusement le Juif-Errant ; puis, vous voyez une voiture chargée de terre, sur laquelle sont montés trois personnes représentant l'enjoué Roquelaure, puis M. et M<sup>me</sup> Denis, princes de Souvenez-vous-en; à votre droite, vous voyez la résidence d'été du ministre de la Paix et des Beaux-Arts.

Mais ce qui attirera le plus votre attention, c'est le tout petit, tout petit nain, général Tom-Pouce, comme amateur des belles actions et des jolies fêtes ; il est allé voir cette auguste solennité, et lui-même est un objet de curiosité ; vous le voyez dans sa petite voiture traînée par deux petits chevaux gris-souris ; on les prendrait pour de petits lou lous ; voyez ces tout petits enfants qui les regardent en riant, avec des lunettes d'approche. Du reste, messieurs, vous devez remarquer qu'on a rien négligé pour vous satisfaire ; si vous êtes contents, faites en part à vos amis ; vous avez dû voir que les noms des personnages marquants, peints sur ce tableau, y sont inscrits en lettre d'or à côté d'eux.

Les personnes qui avaient vu ce petit spectacle, crièrent : c'est très beau ! voilà du nouveau ! c'est fameux ! c'est superbe ! bravo ! bravo !...

Ce même soir, je vis dans Caen un ami qui

me dit que j'aurais dû aller visiter la grande
foire de Guibray, où il avait admiré d'immenses marchandises, et qu'une grande quantité
d'étrangers s'y réunit, non seulement pour le
plaisir de danser , mais aussi pour vendre e t
acheter des millions d'objets différents, puis
faire leurs comptes ronds, non des contes à
dormir debout, non les comptes justes que
M. le comte de Belleronde reçoit de Rondé,
son honnête fermier ; ni le compte de la conduite de son fidèle serviteur, le père Roue-
ronde, qu'il met au nombre des sages, plus
sage qu'un singulier Magot de la Chine, avare
à l'excès, qui y fit d'énormes canards ; on le
compara à ces vieillards qui cherchèrent à sé-
duire, dans son bain, la belle et chaste Suzanne ;
puis à ce Golo qui voulut perdre Geneviève
de Brabant ; puis à Barbe-Bleue, que sœur
Anne redoutait tant ; cet avare était loin de
ressembler à l'humain prince d'Orange qui,
dans un temps déjà éloigné, fut si généreux,
qu'il retira deux cents hommes de la fange ;
une partie vint dans l'opulence et fut fière et
orgueilleuse : ils eussent dû comme leur bien-

faiteur, êtres humains.

Mon ami y admira de beaux draps de Louviers, d'Elbeuf et de Sédan et de Vire ; puis
de magnifiques rouenneries ; puis de vieux
tableaux, mais d'un grand prix, de Raphaël
et de Poussin, représentant Vénus et Adonis,
Alcibiade et Aspasie ; puis de grosses bonbon-
nières en albâtre, toutes rondes comme le
globe terrestre ; rondes comme les musiciens
donnant des sérénades aux conquérants ; ils
sont plus ronds que ce Chinois biscornu, l'ennemi du commerce, et se battant pour un fêtu ;
puis, calomniant l'innocence et la vertu, se
plaignant toujours, criant contre le luxe et
étant sans cesse mal vêtu, ayant un bahut ver-
moulu, rempli d'écus, chérissant l'usure, détestant la grandeur d'âme et la vertu ; Argus,
sans cesse aux trousses de ses créanciers, crie,
tonne quand ils sont bien habillés ; et, quand
il voit un honnête homme, il dit : voyez donc
ce va-nu-pieds ! puis, rebute tout le monde à
tort ou à raison ; c'est sa passion. Voit-il faire
un acte de charité, il crie et peste comme un

possédé du démon ; malheureusement pour la société, c'est un Chinois, plus dur qu'un Iroquois, détestant le génie, les lumières et la vérité, aimant très fort l'obscurité, et adorant son or comme divinité ; enfin, disant toujours l'opposé de sa pensée.

Mon ami considéra à cette foire les plus jolis lins du monde, leurs longs fils fins qui nous ont obtenir ces gentilles toiles, ces belles et rîches dentelles de Caen et du Calvados, qui fioilent, ornent ces précieux et délicats trésors des jeunes beautés que nous aimons d'abord en naissant, puis qui nous charment et que nous adorons jusqu'à notre dernier soupir. De Caen je suis allé au Hâvre ; du haut de la côte d'Ingouville, j'admirai à droite cette immense mer qui reçoit la Sèine. A gauche on voit un paysage délicieux : de jolis coteaux, de beaux châteaux, des jardins et des bosquets ravissants. On est heureux d'apprécier un si majestueux spectacle ; il atteste la puissance et la grandeur de Dieu. J'ai vu Bolbec, dans un vallon serré rempli de bocages, ville pleine d'activité ; j'ai vu Yvetot et Dieppe,

Près de Dieppe, on a dernièrement découvert une grande quantité de débris romains : des urnes d'une grande beauté, des vases qui on servi à déposer des parfums, des pièces de monnaies romaines à l'effigie des empereurs, et des médailles. Le tout, m'a-t-on dit, était déposé dans des tombeaux où on remarquait encore des ossements. Une personne qui habite Pitres, près Louviers, m'a assuré qu'elle était certaine que Pitres avait été une grande ville ; que la charrue est souvent arrêtée par des pierres qui paraissent résulter d'anciennes ruines et débris de bâtiments ou monuments. A cet égard, voici mes pensées : il est probable que la civilisation des temps anciens s'est enfouie sous terre par suite des guerres, qui détruisent civilisations, hommes, villes et empires ; alors tout est à recommencer !!! Que des mœurs ou coutumes diverses ont pu exister dans une même contrée comme partout ailleurs. Du reste, mettre des pièces de monnaies dans des vases auprès des morts prouve, malgré que les Romains aient eu de grands hommes (il y en a eu partout et en tout temps), cependant que leur civilisation ne pouvait être que naissante pour les masses, mais plus avancée que celle des Américains et que celle des Indiens, qui immolaient absurdement des victimes humaines sur des autels pour obtenir, suivant eux, du ciel, certaines satisfactions, coutumes inhumaines qui choquent le bon sens.

Dans ce dernier voyage, je suis allé admirer les belles fêtes du mois de Marie ; celle de l'église Saint-Étienne d'Elbeuf est une des plus ravissantes et m'a fait éprouver les plus agréables sensations ; je suis certain que les prières et les chants des fidèles montent jusques aux cieux. Il m'a été naturel d'adresser mes félicitations au vénérable M. Lefèvre, digne pasteur qui la préside.

Je remets ci-après mes pensées sur ma circulaire du mois de mars 1848.

Enfin il serait à désirer, dans l'intérêt de la patrie, que tous les candidats en général fissent, comme moi, leurs mémoires; on saurait encore mieux apprécier et juger ce qu'ils sont. Parmi les recommandations en général, ce serait, j'ose l'avancer, la meilleure.

## EXTRAIT DE MA CIRCULAIRE

Les vœux les plus chers à mon cœur sont de voir ma patrie heureuse et prospère. A cet effet, respectons les personnes, les propriétés; encourageons les sciences et les arts; puis l'exportation des marchandises, sources de prospérité.

*Aimons le luxe*, véritable cause du commerce, l'âme de l'industrie, l'élégance des nations, la jouissance du riche, la félicité, le plaisir et la joie du pauvre.

Protégeons l'agriculture, la plus noble, la plus belle et la plus précieuse profession de la terre.

Perfectionnons les lois et chérissons la justice.

Enfin ayons une noble vénération pour la religion; seule elle nous rend respectable; elle ranime la concorde et l'union, elle procure les délicieux bienfaits de la paix; elle fu et sera toujours l'heureuse cause et la base du bonheur des peuples.

Lors des nominations riches ou pauvres, ne nous laissons influencer par personne ; rappelons-nous avec orgueil les nobles sentiments des grands hommes ; comme eux, en tout, donnons un bel exemple à l'univers ; ayons l'âme noble, juste et généreuse, même envers nos ennemis, et inscrivons en lettres d'or, sur les monuments, ces mots sacrés :

*Respect aux hommes, aux propriétés, et humanité.*

Voilà, chers lecteurs, ma politique.

Il m'est juste de remercier les honorables électeurs des départements du Calvados, de la Seine-Inférieure et de l'Eure qui daignèrent m'accorder, aux élections de 1848 et de 1849, une grande quantité de suffrages.

Leur vote de leur main est d'autant plus flatteur pour moi qu'il est le cachet sacré qui a sanctionné, de leur cœur, l'expression si naturelle de leur volonté, surtout n'ayant, ni moi ni d'autres, fait imprimer aucune liste où mon nom fût porté.

Dernièrement, j'eus le plaisir d'avoir la visite d'un négociant de Paris; il me dit qu'on lui avait tant vanté l'heureuse situation de Louviers, qu'il serait charmé de s'y promener avec moi. Je m'empressai de lui faire voir d'abord la belle et verte place du Becquet, située au commencement du faubourg Saint-Jean; puis, nous tournant du côté de la ville et à droite, on aperçoit les riches coteaux du hameau de la Villette, plantés de bosquets, de noyers, de pommiers, de poiriers et de peupliers; et, en face de nous, nous aperçûmes le beau, droit et long canal de navigation de la ville, planté de deux rangées de grands ormes et de hauts peupliers. A gauche, on remarque une immense et verte prairie bordée de grands peupliers cachant les jolis coteaux des moulins de Bellevue; puis, à droite, la précieuse et verte rivière d'Eure, qui coule majestueusement et se partage d'une manière si complaisante, si serpentante, si intéressante en divers bras qui vont alimenter, enrichir de belles et grandes usines hors et dans la ville, richesses rares et peu appréciées, semblables

à des personnes de mérite qui restent abandonnées, étouffées quelquefois par la jalousie ;
malheur pour la patrie, elles meurent, c'est
le terme de leurs maux !

Silence de la mort, que vous êtes éloquent!
L'homme est mort, on n'est plus jalox de lui ;
on prône ses talents, parce qu'on sait que son
cœur ne bat plus pour des êtres qu'il avait
chéris pendant sa vie, et causes de ses tourments!!! L'homme est mort, on ne craint plus
d'accorder des honneurs, des regrets à cette
masse inanimée ; on sait qu'ils sont superflus.

Des honneurs! il est mort, vous le savez ;
laissez son ombre en paix, et ne lui adressez
pas de vaines flatteries ; vous ne l'ignorez pas,
ce sont des coups d'épée dans l'eau, ils ne
peuvent produire l'effet de l'assassinat moral
ni le ridicule dont il fut victime pendant sa vie ;
il est mort! Où va-t-il? Dieu le sait. Et vous,
qui le calomniâtes, qui l'insultâtes quand son
cœur battait pour désirer avec ardeur le bonheur de ses semblables, et qui leur faisait du
bien? Dieu sait où ira votre âme ! Est-ce une

belle âme que la vôtre ? Il me semble que quelque chose de plus fort que moi m'inspire cette réflexion. Je continue ma d escription : je dis que ces divers bras de l'Eure vont alimenter, enrichir de belles usines hors et dans la ville qu'on aperçoit devant soi. Plus loin on considère avec un ravissement exquis les variés et magnifiques coteaux de Saint-Hilaire et de la Rivette, leurs beaux châteaux, riants jardins, avenues d'arbrcs, charmants bosquets très mystérieux où on se fait de précieux, délicieux secrets; puis on admire de jolis et riches vergers chargés d'arbres fruitiers, venant se joindre à Louviers d'une manière enchantée; puis, un peu à gauche et dans le fond, on considère, au-dessus Saint-Hilaire, le joli coteau de Sainte-Barbe, se dressant fièrement et comme par enchantement, lieu délicieux qui pourrait bien être la demeure des dieux, jadis habité par de dodus et réjouis moines qui surent à merveille choisir, apprécier la beauté, la magnificence, la variété de cet admirable paysage, en attendant le ciel qu'ils promettaient avec tant d'ardeur à leurs bien aimés pénitents et jolies pénitentes qui adoraient Dieu de tout leur cœur pour leur bonheur et celui du prochain.

Il semble que ce coteau, plus élevé que les autres, paraisse commander ceux qui l'entourent. Nous passâmes dans la rue du Faubourg-Saint-Jean, sur le beau pont de fer sur l'Eure, du haut duquel on aperçoit des canaux dont on entend le bruit des flots ; on voit le port et des bateaux ; puis on considère l'hospice, asile de l'infortuné. Puis nous nous trouvâmes agréablement surpris à la merveilleuse vue de la place du Champ-de-Mars ; puis nouvel étonnement au spectacle imposant, ravissant qui se présenta à nos yeux : nous aperçûmes devant nous d'abord une partie de la ville, puis le haut des tours de Notre-Dame, puis un bras de l'Eure, et, sur ses bords verdoyants, de jolis maisons et jardins plantés de saules, de peupliers, de rosiers, de jasmins, d'acacias, de lilas, puis d'arbres fruitiers ; puis la rue Saint-Jean, et à droite celle du Gril. Derrière nous les habitations de La Fontaine, avec jardins, prairies surchargées de forêts de peupliers qui viennent mieux que mines d'or. A gauche, nous contemplâmes la belle et riche propriété de l'Ermitage, ses manufactures et ses jardins. Au milieu, un droit et joli canal bordé de hauts peupliers se dressant comme des grenadiers sous les armes. Plus loin nous admirâmes de beaux châteaux, un peu cachés par de ravissants jardins; puis les belles fabriques dites de Bordeaux et de Moscou; puis, devant nous, la belle place de la Société, entourée de maisons et jardins élégants comme des amants; puis nous longeâmes la superbe promenade du sud, qui n'est pas si longue que celle de Paris à Saint-Cloud, mais est plus jolie; car on dit que tout ce qui est petit est gentil : elle est plantée de quatre rangées de tilleuls, hauts, jeunes, droits et vigoureux, je ne dis pas comme les dieux, ni les cieux, mais comme de jolis petits messieurs, pardon de la comparaison, mais dans le jeune âge, comme ces arbres, on brave les orages, puis on paraît radieux ; mais on plus a de vénération pour ceux qui sont vieux. Sur les deux côtés de cette promenade, des jardins surchargés de jolis raisins dorés, puis des fleurs lançant dans l'air de suaves odeurs; dans le fond, des pavillons; au bout, la route d'Evreux, faisant face aux rues du Valet et du Neubourg; quelques pas plus loin, les jolies places du Neubourg et du Champ-de-Ville, embellies de six rangées de tilleuls, de peupliers, entourées de maisons, puis de grands et charmants jardins masqués de murs, semblables à ces belles demoiselles cachant avec candeur, avec leurs voiles, leurs admirables et délicieux visages aux approches des jeunes soupirants, disant : Vous voulez nous voir, vous ne nous verrez nenni, nenni. Ah! mesdemoiselles, que vous êtes belles, mais cruelles. Est-ce la bouche ou le cœur qui dit nenni, nenni?

On remarque sur la place du Champ-de-Ville la caserne des braves et vaillants soldats. De là nous passâmes dans la droite, rue Beaulieu et la rue des Fougères, où l'on rencontre de jeunes et jolies bergères conduisant leurs petits agneaux gais comme pierrots, linots et moineaux; puis la rue Massacre, qui rappelle le souvenir qu'il y a quatre siècles les braves et infortunés habitants de Louviers furent massacrés en voulant secouer la domination anglaise ; puis nous longeâmes les jolies promenades de l'ouest, également plantées de quatre rangées de tilleuls, et possédant des deux côtés des jardins et de jolis pavillons chinois ; puis nous arrivâmes sur la jolie place de la demi-lune, plantée de tilleuls, et toujours des deux côtés des jardins. Ceux de droite sont plus remarquables, et sont sur l'emplacement d'anciennes fortifications et d'une très grosse tour dite citadelle. L'œil est charmé d'y admirer de jolis accacias, rosiers, abricotiers, framboisiers. Dans le fond, une manufacture dont la haute cheminée colonne se mesure fièrement avec de grands peupliers qui font un vacarme affreux quand ils sont agités par les tempêtes, semblables à ces petits enfants qui font en jouant un bruit assourdissant, semblables à ces batailles où l'on se bat à coups de canons chargés à mitraille : le tout est bordé de riantes haies vives; puis nous arrivâmes sur le boulevard du sud, planté de quatre rangées de tilleuls, et des deux côtés des maisons et jardins. Au bout, nous admirâmes la ronde place de Rouen, où il y avait il y a quarante-cinq ans une grande porte flanquée de deux grosses tours rondes.

On considère à présent, autour de cette belle place, de jolies maisons, jardins ; puis deux belles promenades et cinq rues qui y aboutissent. On aperçoit à l'entrée de la rue de la Comédie, la salle de spectacle, où il y eut, en 1848, cette réunion d'électeurs dont j'ai déjà parlé, où l'on applaudit aux bonnes intentions de ma circulaire ; mais qu'après, des jaloux me firent tant insulter dans et hors la salle, sans que je dise ni ne réponde aucun mot.

Nous passâmes dans la rue de la Moue. Ah ! quel vilain nom. Une demoiselle, fût-elle belle comme l'amour et Vénus, si elle fait la moue elle est effroyable. Est-elle souriante, affable, aimable ? ah ! elle est charmante, adorable : c'est la Divinité. Cette rue porte encore le nom de Saint-Louis ; préférons-le, comme ces avares qui adorent leurs louis d'or. Du reste, le joli nom de Louis ne veut-il pas dire aussi ma bien-aimée Louise : vous voyez qu'il n'y a qu'un *e* à ajouter, non ce joli petit nez retroussé, ni ce nez qui nous donne la respiration, ni ce nez qui ne respire que guerre, qui respire aussi du tabac ; mais ne respirons que pour Louise ; elle est si belle, si bonne, que je la chéris, je l'adore, et je l'appelle mon adorable et tout petit lou lou.

Nous arrivâmes sur la carrée et grande place de la Liberté, qui était il y a quarante ans un cimetière. J'éprouve mille émotions lorsque je suis sur cette place. D'abord mes trois oncles Le Ménestrel, morts au champ de l'honneur, reposent au milieu ; puis nos aïeux, Les vœux les plus chers à mon cœur sont qu'ils soient heureux avec le Seigneur.

A présent, cette place sert à toutes sortes d'amusements : jeux de paume, cirque, danses, fêtes nationales et religieuses. N'y avons-nous pas vu dernièrement une fête d'une grande magnificence, où l'évêque est venu, en habits pontificaux, avec le clergé de Notre-Dame, bénir les drapeaux de notre arrondissement ? Plus de dix mille âmes, soldats, gardes nationaux et bourgeois y étaient groupés. C'était une brillante et imposante cérémonie. Drapeaux, militaires, musiques, belles toilettes, surtout celles des dames, tout cela réuni formait un spectacle varié, brillant et merveilleux.

Cette place est entourée de beaux maronniers, de jolis hôtels et maisons avec jardins; puis on y admire, avec un plaisir ravissant, le joli Tivoli, café, salon d'Apollon, jardin entouré de tilleuls, où la brillante jeunesse de Louviers, de Paris et autres lieux trouve son bonheur en d'honnêtes et agréables amusements, charmant séjour de fêtes, de noces; puis de jolis bals au profit des infortunés, pensées nobles, sublimes, remplies d'humanité. Aussi les conviés en sortent le cœur réjoui, rajeuni, épanoui, enchanté de cette bonne action; puis ils chantent : Vivent la joie, l'amour et l'amitié; vivent la franche gaieté et les agréables plaisirs de Tivoli; vivent les bons français, qu'ils soient pour toujours heureux comme des dieux. Ce fut dans le beau salon de Tivoli qu'il y eut, en avril 1849, diverses réunions d'électeurs, où d'honorables citoyens ont trouvé l'occasion de désapprouver avec indignation les insultes dont j'avais été l'objet en 1848, puis de faire mon éloge. Je les prie d'en agréer mes bien sincères remercîments.

Nous passâmes dans la rue des Soupirs, première résidence de mon père à Louviers lorsqu'il était célibataire. On nomme aussi cette rue, rue Pampoule. Henri IV passa par cette rue en jetant d'agréables soupirs pour se rendre dans sa bonne ville du Pont-de-l'Arche, qui s'était soumise à lui; il y était plus en sûreté que dans la rue de la Féronnerie, où il jeta le dernier soupir. Enfin bien des soupirs y ont été jetés depuis. Nous traversâmes la rue Hortense, puis la rue du faubourg de Rouen. Au bout, on considère deux beaux châteaux au milieu des jardins ravissants. Puis nous longeâmes la rue de l'église Saint-Germain : à droite et à gauche de beaux vergers et de hauts peupliers. Au bout, on voit l'église de ce nom, fort ancienne ; on fait ce qu'on peut pour l'embellir. Mais en tout, on ne trouve rien qui puisse rajeunir. Nous sommes entrés dans la grand'rue de ce faubourg ; elle touche à de jolies prairies et est près des magnifiques châteaux d'Incarville et du Vaudreuil. On admire à droite et à gauche de la rue Saint-Germain de belles habitations, puis de riants et charmants vergers et jardins ; puis nous aperçumes, avec ravissement, cette délicieuse habitation du célèbre poète et les riches bords de l'Eure, dont j'ai eu occasion de raconter la beauté à M<sup>me</sup> Isabelle, de Saint-Germain-en-Laye. C'est dans ce merveilleux lieu où la nature déploie, avec une grâce exquise, toutes ses beautés, ses richesses et prodigue ses trésors. Nous sommes arrivés sur la place de l'Ancien-Quai, en face de la jolie rue de ce nom ; on voit de beaux canaux, jardins délicieux, arbres majestueux, jolies manufactures et de charmantes habitations. En cet endroit nous rencontrâmes des étrangers dont un des enfants avait une robe ou simarre avec un bord de pourpre, telle qu'en portaient les enfants des sénateurs romains. Un de ces messieurs me dit : « Il est étonnant de voir un si beau pays si désert. S'il n'était pas ignoré , on viendrait l'habiter. » Je lui dis : « Il est semblable aux personnes de mérite, qui perdent à ne pas être connues, et dont on étouffe les talents par la calomnie en disant faussement qu'elles sont folles.»

Cet enfant de dix à onze ans avait un papier sur lequel il dessinait les choses qui frappaient le plus ses yeux. Il me fit mille questions sur Louviers avec la fermeté et l'aplomb d'un homme de trente ans. Il me dit qu'il croyait se trouver à l'entrée de la belle ville de Turin en Italie, où les maisons et le palais sont en briques toutes semblables aux maisons et manufactures qu'il voyait devant ses yeux, soit sur la rue du rempart , soit sur celle de la *Villette-heudôme,* soit celles près le quai des Lavandières-Saint-Germain, que je venais de traverser, ou celles de la rue de la Comédie, que nous avions en face de nous ; mais en jetant un coup-d'œil à droite, sur la rue du Quai, il fut frappé d'apercevoir un charmant petit *navire* sur une jolie maison, couleur rose-carmin, qu'il surnomma *le Divinor ;* il m'observa qu'il lui manquait des ailes pour s'envoler, qu'il était comme un petit ange d'amour perché au haut cette de habitation; car, me dit-il, il est fin voilier léger, garni de tous ses agrès, bien équipé, avec cordages au grand mât et au mât de proue; puis il distinguait, suivant ses petits yeux d'espiègle, et en riant très fort, que le petit nautonier disait son chapelet; puis qu'un petit matelot, gai comme pierrot, montait au grand mât sans aucun embarras et aussi lestement qu'un petit serpent volant, et mieux qu'un petit loulou, pour ferler les voiles de misaine. Il voyait son ex-cellent patron qui était vers la proue à com-mander avec dignité et calme celui qui tient le gouvernail; il se figurait qu'il levait la main comme pour commander et crier à haute voix babord et tribord. Vraiment les enfants sont charmants, amusants, intéressants; rien n'é-chappe à leurs yeux, même quelquefois ce qu'ils ne voient pas. A ce sujet il y a beaucoup de personnes qui ne sont pas enfants. Mes chers enfants, ne soyez pas comme papa, l'in-comparable redresseur des torts, qui voyait des armées innombrables d'ennemis à combattre en apercevant de nombreux troupeaux de moutons! Il est probable que la poussière qu'ils faisaient lui abimaient les yeux au point de se faire tant illusion. Pauvres et doux petits moutons, vous tombâtes innocemment sous le fer de cet illustre guerrier, qui chantait victoire quand il voyait ses victimes à terre. Comme eux, combien d'hommes généreux se trouvent poursuivis, persécutés, sacrifiés. Un autre jour il aperçut de grands moulins à vent : il les prit pour des géants; mais il vit avec peine qu'ils se trouvèrent métamorphosés en moulins à vent : c'était un triomphe manqué. Dans un autre moment, il aperçut un plat à barbe en cuivre, l'arracha fièrement des mains d'un pauvre barbier, se figurant que ce plat était un beau casque en or, le plus beau de la terre, et qu'il portait orgueilleusement sur sa noble tête. Un autre jour il délivra des criminels enchaînés des mains des gendarmes; il se pénétrait que ces scélérats étaient victimes de quelque erreur; il leur donna la liberté et fut lui-même insulté par ces misérables, qui lui rirent au nez. On voit souvent ceux qui font le bien devenir les victimes de mauvaises plaisanteries. Le méchant, on le craindra, on le fuira et on n'osera jamais l'injurier. Ces actions de nos redresseurs de torts nous prouvent qu'il ne faut pas se laisser tromper sur de fausses apparences, puis sur de faux rapports : il faut voir et entendre pour croire. Voyez cette pauvre servante de Palaiseau, qui fut condamnée à mort pour avoir soi-disant volé des couverts d'argent; mais après que son cœur eut cessé de battre, on s'aperçut qu'une pie les avait pris à son bec et les portait dans un trou dans un clocher. Voyez l'infortuné Calas, condamné injustement à mort sous de fausses apparences, et malheureusement des millions d'autres victimes semblables. Si un homme à vos yeux est calomnié, faut-il légèrement le condamner sans le connaître? Oh non! soyez comme ce tribunal qui entend l'accusé et ies témoins. Mes petits enfants, faites bien attention à vous; n'écoutez pas les méchants; ils vous feraient tomber dans leur filets. Même si vous veniez par la suite à faire bâtir une maison, mettez de bons pilotis et de bons fondements ; elle sera solide et ne croulera jamais. Dans tout, prenez conseil de votre respectable père ; étudiez bien vos leçons. Pour vous récompenser, il vous donnera des objets précieux ; puis d'excellents mentors et d'adroits pilotes, qui vous feront voguer à pleines voiles dans la bonne voie. Cet enfant me sauta au cou et m'embrassa. Quant aux deux demoiselles, elles étaient trop grandes et trop bien élevées pour sauter comme des folles après un garçon qui adore le beau sexe à la passion ; mais leurs doux yeux me dirent de tendres choses : s'ils pouvaient parler et chanter, quelle belle voix, quelle éloquence ils auraient ! Je leur dis : « Mes petits enfants, ce gentil vaisseau que vous apercevez sur cette maison est une girouette-bateau. Ne soyez pas comme elle ; n'allez pas à tous vents ; ainsi que les chemins détournés, ils conduisent souvent dans des précipices. Je les quittai, et je pense que je ne les reverrai jamais, à moins qu'il plaise à Dieu de me les faire rencontrer dans le ciel. Mon ami de Paris me félicita sur ce que j'avais dit à cette famille. Puis nous continuâmes notre course à travers le paradis Louviers, rempli de charmes, de grâces, embaumé par de parfumantes fleurs. Nous suivîmes la belle avenue de Crosne, plantée de quatre rangées de tilleuls : d'un côté, de beaux jardins, et de l'autre, de vieilles maisons. Nous sommes venus dans la rue de l'Hôtel-de-Ville, où l'on admire la mairie, puis un peu plus bas, l'ancienne fabrique de M. Ternaux. Nous sommes arrivés dans la Grand'Rue : tout le monde s'y arrête pour contempler la grande et large église de Notre-Dame, surtout le magnifique portail faisant face à cette rue. Elle fut construite sous le règne de Philippe-Auguste ; on y remarque deux tours, celle sur le chœur était surmontée d'un haut clocher qui fut renversé par une tempête. J'engage mes lecteurs à se reporter aux merveilleux dessins de M<sup>me</sup> Félix de Fontenay, voir l'*Histoire de Louviers*, par M. Paul Dibon. Enfin nous visitâmes l'intérieur de Louviers en entier ; il laisse de nombreuses traces d'ancienneté, mais cette ville est bien dédommagée

par ses belles places, ses promenades, ses canaux, ses ruisseaux ; enfin presque toutes ses
maisons ont des jardins. C'est bien la ville des
fruits, des fleurs, des bosquets, des îles et des
beaux draps fins. Les sept grandes routes de
Paris, d'Orléans, de Caen, de Montfort, d'Elbeuf, de Rouen, et celle qui conduit au chemin de fer sont autant de promenades. Les
plus agréables sont celles d'Orléans, de Rouen
et de Montfort ; cette dernière longe les côteaux du Deffends. Mais la position la plus
belle de la ville est le Rond, charmant et isolé
côteau de la justice, qui est abandonné des
promeneurs comme un homme de mérite qui
reste ignoré, inaperçu ; cependant on dirait
qu'il est posé exprès pour servir de promenade ; aussi on est très étonné de ne pas y voir
ni chemin, ni sentier qui y conduise, ce serait
une des plus magnifiques promenades de
France ; tout le monde considère ce beau côteau.

Napoléon, lors de son premier voyage à
Louviers, en 1805, précisément au lieu dit

l'Espérance, à l'aspect de cette admirable coline, s'est exprès arrêté, est descendu de voiture pour le contempler. Il est certain, dans
ce temps, que les habitants de Louviers étaient
loin de penser à leur ravissant côteau ; ils voulaient admirer ce grand homme, qui dit à son
aide-de-camp : Je suis étonné de ne pas voir
un beau château sur ce magnifique côteau. On
sait qu'il eût l'intention d'en faire batir un
dessus ; le cardinal d'Amboise eut aussi la
même pensée. De tous ces projets, il n'en est
résulté que des châteaux en Espagne. Cependant, comme Sixte-Quint, Napoléon avait le
goût délicat, exquis et fin, il savait tout apprécier.

Du haut de cette colline, on aperçoit avec
ravissement la ville et ses faubougs aux mille
jardins, ses places, ses promenades et délicieux bocages ; puis trois belles vallées remplies de villages et bosquets. Un peu plus
loin, on voit le bois du Petit-Mênil, où est le
Fort-aux-Anglais, que tout le monde visite,
ainsi que le joli, ravissant et merveilleux vallon de Becdalle, qu'on admire avec surprise,

surtout ses trois belles montagnes, qui ne sont séparées l'une de l'autre que de cent cinquante pieds, et au pied de l'une d'elles, la claire fontaine de ce nom prend sa source et va se joindre à l'Eure, en face des riants jardins du beau château de Pinterville, près de la ville. Aussitôt qu'on aperçoit ce vallon, on est inspiré de cet air, et l'on chante soudain : *Vallon rempli de charmes*, puis *Bocages que l'aurore embellit et dore encore*. Ce monsieur me dit, après avoir fait cette charmante tournée : Je suis surpris que le choléra, qui fait sonner le glas funèbre, soit venu dans un pays si délicieux, si sain. Je lui répliquai en riant : Quand on se sent indisposé, il faut de suite consulter un sage docteur et suivre ses ordonnances, alors nous aurons le teint rosé et fleuri comme en revenant des fontaines de Becdale, de Jouvence et de Chambéry.

Je résume mes mémoires. Vous avez dû remarquer, cher lecteur, qu'au sortir de l'enfance jusqu'au 20 août 1846, j'ai sans cesse travaillé avec ardeur et avec plaisir.

Comme je n'ai jamais attaché un grand prix

à la fortune, je n'ai jamais demandé d'appoin-
tements pour mes travaux aux personnes chez
lesquelles j'étais, je tenais plutôt à leur bonne
amité ; elles me donnèrent donc peu de chose.
Que dis-je, peu de chose ! dans leur attachement et le mien, j'y trouvais une belle récom
pense. Je préférais avoir plutôt peu d'espèces
que de posséder de forts honoraires avec l'es-
clavage. Je connaissais mes devoirs, et j'avais
sans cesse mes livres au courant ; aussi, pour
me récompenser de l'intérêt et du bon ordre
que je mettais à ces travaux, je recevais des
compliments et des lettres flatteuses de ces
messieurs ; elles sont une preuve de leur affection pour moi et de la bonne harmonie qui a
toujours existé entre nous. Il est juste de dire
que MM. Ternaux , Duvignau et Boucachard
me firent d'assez beaux cadeaux. Le plus flatteur pour moi est la lettre que m'adressa ce
bon Duvignau, et qui était accompagnée d'une
montre en or d'un prix assez élevé. Sa mort,
comme je l'ai dit, m'a privé de l'exécution de
cette promesse d'une récompense. Le respectable M. Prosper Dagoumer et deux autres de ses

amis qui furent dans ses confidences, me dirent que sa mort était un grand malheur pour moi.

Tant que j'avais vécu pour ainsi dire ignoré du monde, je fus, j'ose l'avancer, aimé de ceux qui me connaissaient; mais du moment où je pensai à me marier, plusieurs de mes amis, au lieu de détourner la calomnie dont j'étais l'objet, se détachèrent de moi. Ce fut un grand malheur. Un plus grand encore fut d'être recherché par des gens qui prenaient le titre sacré d'amis et abusèrent des droits qu'il leur donnait pour 'm'entraîner, par mon excessive franchise, au malheur. Ne les a-t-on pas vus de nouveau dans Louviers, à l'occasion des élections, s'agiter avec ardeur contre moi, m'insulter, m'injurier, puis me jeter des pierres.

Malgré que je ne sois pas superstitieux, vous voyez que mon rêve du 31 décembre 1843 s'est entièrement réalisé.

Je sais d'où partaient ces calomnies qu'on essaya de faire croire aux honorables et aimables habitants de la Flèche, à soixante-cinq lieues d'ici. Ils eurent le bon esprit de ne pas les écouter, même me firent mille fêtes, comme partout dans mes voyages, il était aisé de voir que j'étais une triste victime de trahisons et de calomnies.

Toutefois, si je respire encore, on me laisse la vie pour me diffamer. C'est injuste et bien cruel; ce n'est pas accorder l'existence que de la rendre pire que la mort.

Les hommes qui sont provoqués à m'insulter voient ce qu'ils croient et non pas ce qu'ils voient, parce que souvent on explique tout sans réfléchir et suivant le préjugé dont on est inspiré; sans même connaître la personne qu'on injurie, et l'on se console de l'erreur où on a été mis qu'en se persuadant que c'est faute d'attention; enfin on croit plus souvent le mal que le bien.

Je dis cela non-seulement pour moi, mais pour tout le monde et dans l'intérêt de la société entière, car je le répéterai sans cesse, qu'il ne faut juger les hommes qu'après avoir bien vu leurs actes et les avoir bien entendus, bien compris. Les méchants, pour tromper le public, se servent malicieusement des *on dit* venus de leur bouche et qui ne sont pas des vérités, pour mieux faire réussir leurs iniquités ; si on leur en fait le reproche, ils observent astucieusement : *on nous avait dit cela*, mais nous ne l'avions pas annoncé comme une nouvelle certaine.

Lorsque j'avais parlé, dans ma circulaire de 1848, des *lumières*, j'entendais dire : Dieu nous donna le soleil pour nous éclairer et nous mettre dans la bonne voie ; s'il nous donna la nuit et son calme, c'est pour nous reposer et bien réfléchir et nous mettre en garde contre les méchants.

Mes jaloux ennemis voulurent donc me faire détester même de tous les hommes dont je chéris les vertus. Je puise de grandes consolations dans la Providence et chez les hommes justes et sages, et il y en a heureusement une infinité, ressources, trésors de l'infortuné ; celui qui est inspiré de leurs divines lois s'y confie, et celui dont l'âme est en paix, grâce à eux n'est pas en proie à l'adversité, car l'espérance d'un meilleur avenir lui sourit sans cesse.

Dans une ville voisine de Louviers, je rencontrai, il y a peu de jours, un ami qui me pria d'aller chez lui lui lire mes mémoires. En entrant dans son salon, ma surprise fut extrême à l'agréable aspect de deux jeunes dames et d'une belle demoiselle aux charmants et ravissants visages. Dans l'accueil flatteur qu'on me fit, il me fut aisé de remarquer qu'on éprouvait une très vive curiosité d'entendre cette lecture. On daigna écouter en silence. J'eus le plaisir de voir leur joie et leur satisfaction. Peu d'instants avant de quitter cette respectable et délicieuse société, un joli petit ange de seize ans, s'il eût eu des aîles je l'aurais pris pour l'Amour, et M<sup>me</sup> Isabelle de Saint-Germain-en-Laye l'eût appelé son adorable petit Loulou, car, comme ce joli petit Loulou, elle était d'une pudeur, d'une candeur exquise, au riant épanoui, rosé fleuri minois, aux yeux bleus, aux cheveux blonds-chatains, avec la permission de son père, est venue me féliciter en termes si sincères, si persuasifs, et avec tant d'abandon, que j'ai admiré avec satisfaction la preuve de cette véritable et divine amitié qu'il serait partout heureux de rencontrer. Ma surprise et mon plaisir furent extrême lorsque ce bon ange, rempli de pudeur et d'une timidité excessive, eut la bonté de me serrer affectueusement avec ses belles mains les miennes, soudain il me fut naturel d'oser l'embrasser. Son haleine suave passa dans mon cœur, puis je vis avec ravis-ement les cieux délicieux. Ces précieux et heureux moments se passèrent et furent aussi courts que ce doux soupir qui s'échappe du cœur dans le plaisir, dans le bonheur !

Il serait beau de les voir régner pour tou-ours dans l'uni vers, c'est mon vœu le plus sincère.

Peu d'instants après, ce bel ange, accablé de sommeil, se laissa aller avec une grâce ex-quise dans un fauteuil et s'y endormit si pro-fondément, qu'on ne l'entendait même pas respirer, on eût même dit qu'on le voyait mourir, car son visage devint d'une pâleur intéressante, cependant on se figurait qu'elle était morte, mais c'était de cette languissante et douce mort qu'on voit avec un extrême plaisir, ce qui la faisait paraître encore plus belle. Soudain elle laissa échapper un léger soupir qui venait si droit de son cœur qu'elle exprima avec une grande douceur ces divines exclamations : Ah ! ah ! que c'est beau ! Eh ! eh ! je me meurs !

Est-ce de plaisir ou de douleur qu'elle expirait ? Il est probable qu'en cet instant elle se trouvait sous l'agréable impression d'un songe enchanteur, car soudain ses joues se colorèrent du plus vif incarnat, son sein se souleva, s'agita doucement, sa bouche devint riante et prononça le doux nom si sacré d'ami, de mon Dieu, de Paradis ! Sommeil de l'innocence, de la pureté, sommeil délicieux des âmes douces, justes et vertueuses et qu'on admira à merveille comme un chef-d'œuvre.

En général, comme on est curieux, on se demandait : Que peut-elle rêver ? Je pris la parole et je dis : Elle a sans doute un léger cauchemar, ou bien elle rêvait le paradis ou l'enfer ; non, on n'a pas besoin de le rêver pour le voir ; elle enggeait peut-être qu'elle voyait une colombe et que les beaux anges, chérubins et séraphins étaient prosternés à ses genoux dans une douce extase.

Qui sait si elle ne rêvait pas que le soleil et la lune étaient gravement et majestueusement assis sur de superbes trônes, ayant à leurs Tôtés le vieux Saturne, Jupiter, Minerve et bhémis, puis qu'ils se concertaient, par de peaux discours, pour assurer le bonheur des qeuples de la terre, et que cette demoiselle, gui a un excellent cœur, pouvait se dire : fasse, rands dieux! que je ne rêve pas, mais que la félicité du monde entier se réalise bientôt et pour toujours!!!

On resta encore quelques instants à la contempler en silence, puis la société s'écria soudain et dans un transport d'allégresse : Grands dieux! qu'elle est jolie! Un jeune homme, qui se trouvait près d'elle, dit à haute voix : Et moi, je suis si laid! Puis elle s'éveilla, en assurant qu'elle avait rêvé qu'elle était ensevelie dans l'éternité.

Un ami de cette maison nous raconta que dans un village près d'ici, on vit une jeune fille en grande toilette de mariage, et fondant en larmes, se diriger d'un pas chancelant à la mairie, et qu'elle devait, au même instant, être mariée ; mais, arrivée près de la porte, elle aperçut le jeune Pierre Lespérance, son ancien amant, qui l'arrêta et lui dit d'un air consterné : « Marie, vous m'avez oublié ; vous m'aviez juré que vous m'aimiez ; hélas ! vous allez entrer ici pour épouser Ovide Pamphile. » Elle lui répondit d'un air suffoqué, ému et repentant : « Laissez-moi réfléchir. » Puis, se tournant devant toutes les personnes de la noce, elle leur dit : « J'adore mon petit Pierre ; quant à cet Ovide, il me fait verser trop de larmes de douleur, je ne l'aime pas. Plus tard, mes amis, j'espère entrer à la mairie pour épouser mon petit Pierre Moelleux ; ensemble, j'espère, nous serons heureux. » Soudain, Pierre et Marie s'embrassèrent en pleine rue. Jugez de l'enthousiasme que cette scène a produit quant à Pamphile. Ovide entra chez le père Boniface Vincent, au café des voyageurs, et il écrivit à son père : « Puisque Marie Pétardin ne veut pas d'Ovide et qu'elle préfère cette mine de Pierre qu'elle trouve si précieuse, je pars de suite pour la Californie, et je m'attends bien d'épouser, pour me consoler, M^{lle} Mine d'Or. »

Enfin la société se retira.

Cher lecteur, je suis sorti avec précipitation de mon lit ce matin, 27 juillet 1849, à quatre heures et demie, et me suis mis, avec le plus grand empressement, à mon bureau, semblable à ces admirateurs d'une belle pièce de théâtre, qui ne dînent qu'un quart pour aller avec empressement entendre et voir un opéra-comique, vrai chef-d'œuvre qui a été la veille couvert de tonnerres d'applaudissements ; il est intitulé : *Corbon*, ou *les Bords ravissants du Rivage.*

L'affluence était telle à la porte du théâtre, qu'on ne pouvait approcher du bureau. On ne parlait que de cela aujourd'hui dans Paris ; un autre jour ce sera un nouveau chef-d'œuvre, tant les Français sont ingénieux. On fait queue de quatre cents pas sans exagérer, et jusqu'au bureau, où l'on obtient des cartel que pour les dernières places ; presque toutes les autres ont été retenues dans la matinée. On se culbute, on se presse avant d'arriver à l'escalier, on fait un bruit d'enfer, on se pousse et repousse avec violence ; l'un crie : « Ah ! mon Dieu, j'étouffe ; » l'autre dit : « Ne voyez-vous pas que j'ai deux dames à mes côtés ; de grâce, monsieur, soyez plus prudent ; frétillant jeune homme, ne pressez donc pas tant cette jolie demoiselle aux yeux remplis de douceur. » Elle répond sans rien dire, mais seulement avec cette tendre éloquence des yeux, par un doux sourire. Enfin on arrive à l'escalier tant désiré, on le monte aussi vite que possible ; on voudrait avoir des ailes, mais elles ne sont encore qu'en confection ; la foule arrête l'élan. On voudrait arriver à la place désignée avec la rapidité de la foudre, semblable à ce monsieur qui vient d'oublier son portefeuille, qui renfermait....... dit-il, cent mille francs en billets de banque. Enfin on touche aux places ; mais grand désappointement, elles sont déjà occupées en partie par les plus jolies dames de Paris ; on reste debout, on se dispute pour en avoir une qui est gardée pour un Chinois ou un Japonais ; un autre prie avec civilité un monsieur assis à côté d'une belle demoiselle ;

on se gêne et on lui accorde avec bonne grâce. On se regarde tous; on se dit : jamais il n'y a eu tant de monde; on répète : quel beau coup d'œil la salle présente. On prend des oranges pour se rafraîchir, même de la bière... car il fait si chaud que l'on sue comme dans un bain à vapeur. On fait un bruit d'enfer et épouvantable : l'un appelle Pierre, l'autre Paul; au parterre on siffle, on trépigne d'impatience; on entend un bruit semblable à celui que font les lourdes piles d'un moulin à foulon, qui font tomp-rong-pong, tomp-rong-pong, tomp-rong-pong; le commissaire s'agite. Enfin un fort coup de tambour annonce avec plaisir la musique d'ouverture, qu'on applaudit; puis le rideau se lève, le calme se rétablit, on croit être en paradis; on entendrait une souris trotter et le plus petit soupir de plaisir s'échapper.

Beaucoup de personnes ont déjà à la main cette merveilleuse pièce imprimée; on ne pourra la suivre avec les acteurs, tant on éprouve de délicieuses sensations, de douces émotions; on est impatient d'admirer la célèbre actrice qui va remplir le premier rôle. Elle arrive comme une divinité qui descend de l'Olympe, fraîche comme la rose nouvellement éclose, radieuse, belle et superbe, pareille à Vénus, et paraissant sûre de son triomphe, et chante comme une divinité, et comme enchantée par les doux sons de la flûte et du hautbois :

Respect, amour et amitié, sont mes charmants amants du rivage !
O Corbon ! ô Louchamp ! lieux merveilleux, vous me rendez heureux !
De plus monsieur le maire de mon village, comme la plus sage,
M'a ceint de la couronne ! Bonheur suprême, grands dieux ! je vois les cieux !

Soudain elle excite des bravos et des applaudissements unanimes, juste hommage rendu au mérite ; on la trouve douée de si grands talents, elle a une voix si suave, si merveilleuse, que depuis longtemps on en avait entendu une si belle, si ravissante ; sans cesse on l'applaudit, les spectateurs bondissent de joie et de bonheur. A la fin de la pièce, on lui jette, avec des transports d'enthousiasme, des milliers de bouquets et de couronnes de roses, de myrthe, d'œillets et d'orangers ; c'est un jour de fête pour elle, ainsi que pour les spectateurs; mais, comme elle reçoit de pareilles ovations tous les jours, elle ne sait lequel est le plus beau de sa vie. Il y en a un pourtant qui l'a comblé de délices inexprimables; il est aussi le jour si chéri de toutes les demoiselles : c'est celui où elles épousent leur amant adoré.

On dit : elle s'est surpassée ce soir, demain on en dira autant. Vie de grandes actrices, vie de délices, de bonheur; vie du ciel. On répète souvent qu'elles n'y vont point, c'est ce qu'on ignore; cependant il y a des comédiens qui sont devenus des saints, et qu'on fête.

Je disais donc que j'étais inspiré ce matin des réflexions suivantes : Autrefois, on tremblait devant de prétendus sorciers; c'est un mot inventé pour faire peur aux petits enfants et pour épouvanter les âmes douces et crédules; en ce temps-là il y avait des gens qui s'habillaient en costumes de démons et qui étaient eux-mêmes les sorciers, gens doués de mauvaises pensées, de ce génie de finesse perfide, semblables aux Néron, aux Caligula, qui avaient inventé tout cela ; ils furent les principales causes des grands désastres qu'éprouva l'humanité, ils promettaient aux bons des roses et ne donnèrent que des orties, puis la mort !

Ces hommes remplis de méchanceté en trompèrent d'autres par mille ruses et adulations pour faire éclore des millions de divisions, de dissensions et de guerres civiles, vrais fléaux destructeurs de l'humanité, de la société.

Et cela, en voulant inspirer, par un enthousiasme entraînant, la gloire des conquêtes, seulement en vue de faire le mal, puis crièrent à tue tête : vive la liberté, qu'ils firent semblant d'adorer pour mieux enchaîner cette belle, cette sage liberté, et l'étouffer avec les lumières, la civilisation, et ramener la barbarie, le pillage, enfin l'assassinat de l'espèce humaine.

Ces méchants, dans ces temps-là, comparaient les hommes bons, respectables et illustrés aux branches d'un bel arbre qu'ils voulaient toutes faire couper, c'est-à-dire détruire toute l'espèce humaine, sous prétexte que toutes ces branches étaient gangrenées, mortes et pourries; qu'en les coupant toutes, il en viendrait d'autres dans peu qui produiraient du fruit excellent comme jeunes branches.

C'est-à-dire qu'ils voulaient détruire toutes ces personnes respectables, illustres, puis avec le bon, le doux, l'humain et l'affable peuple, ne laisser que les méchants, qui finiraient par partager follement les terres de tout le globe : choses impossibles, pensées infâmes, mais absurdes, parce qu'elles eussent tourné, en voulant exécuter leurs perfides projets, contre eux-mêmes; enfin ils auraient fini par se détruire entre eux en tombant dans leurs propres piéges et dans leurs filets empoisonnés.

En admettant que ce funeste partage ait pu être réalisé, il se serait trouvé dans ces insensés de ces durs avares qui auraient augmenté leur lot; mais ceux d'inconduite, après avoir mangé leur portion de suite, auraient fini par faire une guerre à mort, puis ravir

par la violence les lots de ceux qui les auraient conservés : c'est ce qu'on appelle la loi
des sauvages, la loi du plus fort, loi infâme et
destructive de toute société et de toute civilisation ; enfin ils auraient fini par s'entre-
détruire .tous jusqu'au dernier, en criant et
profanant ces mots si sacrés de patrie et de
liberté pour cacher toutes leurs cruautés.

Et tout celà parce qu'ils avaient en horreur
tout ce qu'il y a de plus sacré sur la terre,
c'est-à-dire l'ordre, le travail, père du plaisir et du bonheur, puis la propriété, base fon-
damentale de toute société et qu'ils n'eussent
jamais pu détruire.

Parce que tous les hommes savent que la
propriété est la plus noble institution de la
terre, comme la plus sûre garantie de tous les
peuples.

S'il y en eût eu une plus précieuse, plus
belle et meilleure, certainement Dieu nous
l'aurait enseignée !

Ces méchants furent donc toujours les causes premières des funestes événements arrivés
là 'humanité.

Vous avez vu plus haut les malheurs arrivés à l'infortuné Le Ménestrel, mon ancêtre, maire de Dreux; puis à Charles I$^{er}$, Marie Stuart, Charles Edouard, Jeanne d'Arc, Louis XVI, Héloïse et Abeilard, Jean-Jacques Rousseau; puis à cette toute jeune brésilienne et à son amant; enfin, à Divinor dont les ennemis disaient tout-à-fait l'opposé de ce qu'il était, puis proclamaient partout leurs calomnies contre lui, jusqu'à avancer hardiment que ce n'était pas lui qui avait fait les discours qu'il avait écrits et prononcés. Enfin, il y eut des millions de victimes.

Pour ce qui concerne tout ce qui a pu se passer dans les temps anciens, voici les pensées de mon cœur. Pourquoi nous est-il impossible de ne pouvoir remonter aux plus anciens événements qui sont arrivés sur cette terre selon l'histoire qui a à peu près six mille ans? Et sans doute pour le commencement de la civilisation de cette époque, mais, antérieurement, on ne peut rien savoir, tout est perdu dans les ténèbres des temps.

Dans mes promenades solitaires, j'ai médité, j'ai cherché à pénétrer quelques secrets de la nature, moi tout petit être qu'elle a créé, et plus j'y pense et plus je me suis persuadé, comme les auteurs remplis de talent, que la terre existe depuis un grand nombre de millions d'années. J'étais près de Caen dernièrement ; j'examinai des carrières de grès près de la mer ; je me disais : Qu'elles sont dures, quelle immensité de temps il aura fallu à son sol, de concert avec l'extrême chaleur du soleil, pour former cette terre en pierres de grès si dures ; puis, je me répétais : C'est bien la terre d'où tout a pris naissance ; rien ne pourrait me démontrer le contraire, excepté Dieu, si j'étais dans l'erreur ; nous sommes donc les enfants de cette terre comme l'or, l'argent, le fer, puis le blé et les autres subsistances nécessaires à notre existence, puis les fleurs et leurs douces et parfumantes odeurs qui ornent, embaument le sein palpitant et agité de la beauté.

Je me disais : Que de merveilles !...

Je me prosternai respectueusement sur cette

terre en levant les yeux au ciel ; je contemplai ce beau soleil, vivificateur de la nature entière, qui daigne nous favoriser de son éclatante et éblouissante lumière si précieuse, et, dans un religieux silence, j'adorai les grandeurs infinies de Dieu qui a tout formé. Enfin, je me disais : Lorsque notre cœur a cessé de battre, on nous dépose dans le sein de cette terre comme dans celui d'une bonne mère ; alors, je me disais : Pourquoi tant de fierté ? tant de méchanceté ? Adieu orgueil, ambition, grandeurs et richesses. Vous n'êtes pour ainsi dire qu'illusions puisque nous ne vivons que si peu d'instants. Dieu l'a donc voulu ainsi !

Puis je considérai cette vaste étendue de la mer.

Enfin, pour ce qui concerne la terre, quel âge a-t-elle ? Je le répète, je suis entièrement de l'avis des auteurs graves et remplis de génie ; quant à la race humaine, elle prit naissance bien longtemps après que la mer fut retirée de nos pays ; puis l'on prouve qu'il a existé avant la race humaine des êtres bien plus hauts et bien plus gros que les hommes.

Voici mes conjectures et je pense qu'elles ne sont pas sans fondement : Il pourrait bien se faire que l'espèce humaine, venant plus nombreuse, aura anéanti par sa puissance ces êtres ; ou bien, ils se seront détruits eux-mêmes, avant que nous ayons pris naissance, par suite de guerres, ou, ce qui est encore plus probable, ils étaient eux-mêmes les premiers hommes qui auraient paru bien du temps après que la mer se sera retirée de nos pays, ce qui est certain parce qu'on a trouvé dans les terres des coquillages et des ossements de poissons de mer.

Puis après, des êtres fossilles qui paraissent plus grands que nous, ils auraient donc pu être des hommes dont la race aura depuis dégénéré ; j'appuie cette observation par une nouvelle réflexion ; je suppose que dans cent mille ans, ou moins, ou plus, on vienne à découvrir par hazard le corps fossille d'un homme de sept pieds, et, certainement, il y en a quelques uns, la preuve c'est qu'il existe un propriétaire près Louviers qui est au moins de cette haute taille ; je l'ai vu diverses fois ; on parle de lui.

Eh bien, faute de titres historiques, on ferait les mêmes réflexions que celles que je donne ci-haut.

Mais comme je l'ai dit par rapport aux fouilles faites à Dieppe, les civilisations des temps anciens auront enfoui sous terre tout ce que le génie de l'homme avait conçu, et par suite des guerres qui prennent naissance dans les révolutions. Pénétrez-vous bien de cela, cher lecteur, il vaut mieux de sages traités que des guerres qui sont d'immenses fléaux qui exterminent, engloutissent tout sans égard. Je l'ai déjà dit en parlant dans mon jeune âge de la déplorable guerre de Russie !!!

Enfin, par tout ce qui s'est passé dans les anciens temps, comme par tout ce qui existe, l'esprit s'y confond.

Respectons donc ce que Dieu créa.

Aimons-nous tous. Bannissons les querelles, et formons, tressons, non cette belle chaîne d'or qui fait le bien, mais cause encore plus de mal.

Mais formons cette belle chaîne de douces affections qui assurera à l'homme son bonheur dans tout l'Univers.

Ce sont les vœux les plus chers à mon cœur et les plus sincères.

Je finis ces mémoires en déclarant que je serai toujours heureux de conserver l'estime de mes concitoyens.

C'est mon unique ambition.

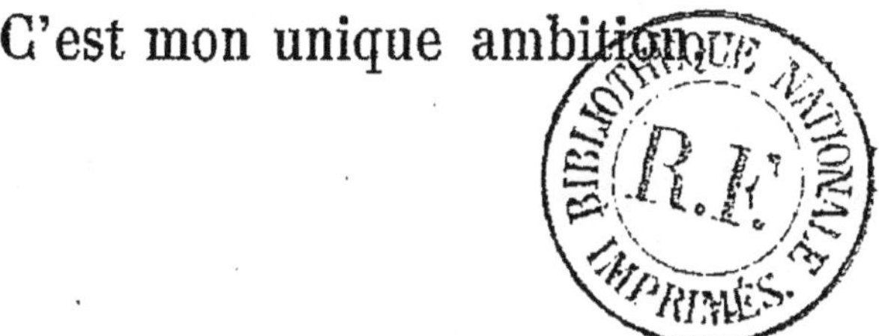


Imprimerie de BUREAU, rue Gaillon, 14.